# HISTÓRIA CONTEMPORÂNEA

IMPRENSA DA UNIVERSIDADE DE COIMBRA
COIMBRA UNIVERSITY PRESS

**Direcção da Colecção História Contemporânea**
Maria Manuela Tavares Ribeiro

Os originais enviados são sujeitos a apreciação científica por *referees*

**Coordenação Editorial**
Maria João Padez Ferreira de Castro

**Edição**
Imprensa da Universidade de Coimbra
Email: imprensauc@ci.uc.pt
URL: http://www.uc.pt/imprensa_uc
Vendas online: http://siglv.uc.pt/imprensa/

**Design**
António Barros

**Infografia**
Carlos Costa

**Impressão e Acabamento**
Sereer, Soluções Editoriais

**ISBN**
978-989-8074-93-5

**ISBN Digital**
978-989-26-0407-7

**Depósito Legal**
300038/09

**Obra publicada com a colaboração de:**

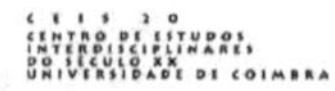

# VICTOR BARROS

# CAMPOS DE CONCENTRAÇÃO EM CABO VERDE

## As Ilhas Como Espaços de Deportação

## e de Prisão no Estado Novo

IMPRENSA DA UNIVERSIDADE DE COIMBRA
COIMBRA UNIVERSITY PRESS

2 0 0 9 • C O I M B R A

# Neste Navio Embarcados

*Neste navio embarcados*
*somos náufragos ancorados*
*Oh!*
*neste navio*     *ancorado*
*somos náufragos*     *embarcados*
*Oh! Navio!*
*Oh! Náufragos da terra longe!*
*Oh! Terra longe!*
*Oh! Terra!*
*Oh!*

António Jacinto
Campo de Trabalho de Chão Bom
28.12.65

# Sumário

Teria os meus dez anos quando comecei a ouvir falar do Tarrafal no seio da minha família. Falavam dele como um lugar temido, como terra de desterro e castigo para aqueles que se opunham ao *statu quo* político e social então vigente em Angola. Os meus pais eram amigos dos pais do António Cardoso, poeta e activista político angolano, que, na companhia de outros intelectuais e escritores angolanos, tais como José Vieira Mateus da Graça (Luandino Vieira) e António Jacinto, havia sido enviado, em 1964, para o Campo de Trabalho de Chão Bom (Tarrafal). E aí ficou até 1974, até à Revolução de Abril, altura em que, na companhia dos demais presos políticos, foi libertado e regressou a casa. Venerava a sua coragem, mas mal o conhecia. Apenas após o seu regresso tive a oportunidade de o conhecer melhor e de estabelecer com ele, não obstante a diferença de idades, uma amizade que durou até à sua morte, de certa maneira, prematura. Das muitas conversas que mantivemos, pude inteirar-me da vida que os presos levavam no campo, tendo-me impressionado particularmente o facto de nada terem sabido do que acontecera a 25 de Abril em Portugal. Uma manhã, já em Maio (creio), encontrando-se os presos no recreio, começaram a estranhar a barulheira que populares faziam na parte de fora do campo. Tentaram ouvir mais atentamente o que diziam e espantaram-se com o facto de estarem a exigir a sua libertação, o que veio a acontecer, invadindo os populares, de seguida, o campo. Pegaram nos presos e levaram-nos para a rua aos ombros. Com tanta emoção, António Cardoso acabou por desmaiar, acordando, mais tarde, numa casa estranha da vila, mas rodeado de carinho.

Mais tarde, já nos anos 90, tive a oportunidade de visitar a vila do Tarrafal e o respectivo campo. Fiquei chocado com a exiguidade das condições de habitabilidade que o campo oferecia, assim como com a aridez da paisagem envolvente. Imaginei como difícil seria o quotidiano daquela gente e como penosa seria a sua sobrevivência. Tinha ali, perante mim, um exemplo de como a condição humana é frágil: como era e é possível que os seres humanos possam fazer tanto mal uns aos outros?

A Colónia Penal do Tarrafal havia sido fundada em 1936, à imagem dos campos de concentração nazis, e destinava-se aos presos metropolitanos. Um dos presos políticos que, na altura, albergou foi Bento Gonçalves, então Secretário-Geral do Partido Comunista Português, que nele morre de doença em 1942. Em 1956 o campo é encerrado, vindo a ser reactivado em 1961, destinado, desta feita, aos presos políticos africanos. É este o campo, o Tarrafal da segunda fase, oficialmente designado como Campo de Trabalho de Chão Bom, que guardo na memória desde a minha infância.

A primeira leva de presos políticos desta fase chegou ao Tarrafal em Fevereiro de 1962. Eram presos angolanos e entre eles ia Agostinho Mendes de Carvalho (Uanhenga Xitu), que viria a revelar-se como um dos mais originais escritores angolanos e talvez o mais africano de todos os escritores de língua portuguesa.  Faz menção da sua viagem para o campo no livro *Os sobreviventes da máquina colonial depõem...* (Lisboa 1980; Luanda 2002) e, já que nos referimos a actos de desumanidade, cumpre-me citá-lo num trecho de profunda humanidade, em que o autor dedica o livro a um marinheiro português, de nome José Luís, ao serviço no barco que levou os presos do Sal para Santiago: "Deste-nos, às escondidas, água (...) contra a vontade de alguns dos teus chefes, que nos queriam deixar morrer de sede e fome (...). Ao desembarcarmos falaste ao ouvido: 'Coragem, está para breve a vossa libertação, cuidado com os informadores'. Ganhei a vida." (1980: 25). Uanhenga Xitu completa no próximo dia 29 de Agosto 85 anos de idade. Bendita água e benditas palavras...Mas mais: foi no Tarrafal que Agostinho Mendes de Carvalho (Uanhenga Xitu) escreveu aquele que será, porventura, o conto, em língua portuguesa, que melhor retrata a relação colonial e a alienação experimentada por alguns colonizados. Refiro--me ao conto "O Mestre Tamoda". Foi também no Tarrafal que Luandino Vieira escreveu a maior parte da sua obra e António Jacinto alguns dos seus poemas mais belos, insertos no livro *Sobreviver em Tarrafal de Santiago*, que arrebatou, entre outros, o prestigiado Prémio Noma, atribuído pela editora japonesa Kodansha Lda. a obras publicadas em África por escritores ou académicos africanos. Tarrafal, como local que também foi de evasão, acaba assim por desempenhar um importante papel na emergência da literatura angolana.

A ideia de desterro, castigo e isolamento está associada a este tipo de prisões ou colónias penais. Victor Barros relacionou esta ideia com a de ilha ou ilhas fisicamente determinadas, como eram as de S. Nicolau e a de Santiago, em Cabo Verde, num estudo meritório e conseguido sobre o Campo de Trabalho do Tarrafal, sobre o lugar destinado a  Cabo Verde no sistema colonial português e sobre o sistema prisional político do Estado Novo. O livro, que começou por ser uma dissertação de mestrado, que tive o prazer de arguir a convite dos seus orientadores, os Professores Maria Manuela Tavares Ribeiro e Luís Reis Torgal, é um trabalho sério, bem fundamentado e original. Debruça-se sobre um tema politicamente forte, ainda vivo na memória de muitos portugueses e africanos, que, porque assim é, deve ser debatido e expurgado em benefício de um melhor entendimento de Portugal com as suas ex-colónias, de uma lusofonia mais igualitária e comprometida. Bem-vinda, por conseguinte, a sua publicação.

*José Carlos Venâncio*
Professor Catedrático da Universidade da Beira Interior

Este livro reproduz no essencial o texto final da dissertação de mestrado apresentada à Faculdade de Letras da Universidade de Coimbra em Junho de 2008 sob a orientação científica da Prof.ª Doutora Maria Manuela Tavares Ribeiro e do Prof. Doutor Luís Reis Torgal. Sem mudar grandemente a estrutura original da referida dissertação, o formato que ora apresentamos comporta algumas actualizações que consideramos pertinentes, sobretudo, do ponto de vista bibliográfico e da incorporação de alguma documentação iconográfica relativa ao objecto em análise. Importa referir que o interesse pelo estudo aprofundado da problemática da repressão e das prisões políticas no Estado Novo já vinha de um trabalho de Seminário de Investigação Científica, sobre o Campo de Concentração do Tarrafal, realizado no âmbito da conclusão da Licenciatura em História, em Junho de 2005, na Faculdade de Letras da mesma Universidade. A partir do mapeamento de alguns trabalhos que tinham sido publicados sobre a temática do Tarrafal, da necessidade de imprimir uma perspectiva contextual, problematizante e menos memorialista sobre o tema, e das discussões, troca de ideias e, sobretudo, dos estímulos à prossecução da investigação, associada à disponibilidade incansável e à prontidão dos referidos Professores em orientar a pesquisa, formulamos a linha temática e analítica que aqui se apresenta na versão actual da presente obra.

Do percurso pessoal, académico e de toda a investigação até então realizada, não posso deixar de celebrar textualmente o meu manifesto de gratidão em relação a todos aqueles que, através do seu estímulo, muito contribuíram para o enriquecimento deste meu percurso de eterno aprendizado. Aliás, mais do que meras referências, essas pessoas representam verdadeiros ancoradouros através dos quais, consciente ou inconscientemente, a minha memória perpassa e atrela, como necessidade de fortalecimento intelectual e de busca de satisfação desta constante incompletude que caracteriza a alma humana.

Este trabalho não constitui um produto exclusivo do seu autor. As virtudes e tudo o que ele possa conter de positivo devem-se à contribuição de um conjunto de pessoas que, directa ou indirectamente, acompanharam todo o processo da sua elaboração. Por esta razão queria, através deste manifesto de gratidão, expor as minhas palavras públicas de reconhecimento, primeiramente à Prof.ª Doutora Maria Manuela Tavares Ribeiro, cuja amabilidade e trabalho transcenderam, em larga medida, o de uma simples orientadora. Para além do seu rigor científico, foram também valiosas as suas profícuas sugestões, estímulos, conselhos e indicações metodológicas, que de muito serviram para o aprimoramento da investigação que ora se materializa sob um novo formato. Também foram importantes os incentivos e os desafios por ela lançados para a participação em alguns colóquios e encontros académicos nacionais e internacionais de carácter científico que tanto ajudaram na maturação deste meu percurso de aprendiz. Ao Prof. Doutor Luís Reis Torgal, um mestre e um amigo também presente em todas as fases da realização do trabalho com as suas ricas sugestões, tanto em termos da forma como em termos de conteúdos, contribuíndo de forma preciosa com o seu brilhantismo intelectual, no enriquecimento do resultado final.

Ao Serviço de Educação e Bolsas da Fundação Calouste Gulbenkian, cuja preciosa bolsa tornou possível a concretização de todo o projecto inicial de investigação. Especial agradecimento vai também para os meus restantes professores do Programa de Mestrado em História Contemporânea da Faculdade de Letras da Universidade de Coimbra, o Prof. Doutor Fernando Catroga e o Prof. Doutor Rui Martins, sempre disponíveis a acudir às súplicas de apoio intelectual.

Igual agradecimento vai também para o Prof. Doutor Fernando Rosas, para o Doutor Luís Farinha e para a Doutora Heloisa Paulo, pelas importantes indicações sugeridas. À Prof.ª Doutora Cristina Mello e à Dra. Maria Manuela Lucas, ambas pela preciosa e amável colaboração e benevolência nas sugestões apresentadas durante a leitura do texto. Fica também expressa uma palavra de gratidão para com todos os meus colegas do programa, especialmente os de Cabo Verde (Aquilino Varela, Edely Pereira e Ivone Centeio). Este agradecimento é extensível também à Dra Zulmira Martins (Biblioteca Central da Faculdade de Letras da Universidade de Coimbra), a Fernando dos Reis Tavares, ao Dr. David Hoppfer Almada, ao Dr. Carlos Carvalho (IIPC), Dr. José J. Cabral (IIPC); e a outras pessoas e amigos como Lucílio Varela, Irene Ferreira, Jairzinho Pereira, Félix Monteiro, Romualdo Correira, Estevão Levy, António Sérgio, Odair Varela, Paulo Neves, Helena Nunes, Jorge Gonçalves, Ana Zé Carrolo, Eusébio Monteiro, Germana Torres, João Brito, Amílcar Moreira, João J. Gonçalves, Anildo Tavares, Osvaldino Monteiro, Suzano Costa, Eunice Costa, Edmar Costa, Antoni Aguiló. Também aqui fica manifesta uma palavra de reconhecimento ao companheirismo da Gilcia e à hospitalidade incondicional e descontraída tanto da minha tia Nélida como também da família Barroso que sempre ofereceram ocasião para me acolher. Agradeço também aos funcionários que trabalham nos arquivos e bibliotecas por onde passei, desde a Torre do Tombo e a Biblioteca Nacional de Portugal, passando pelas Bibliotecas da Universidade de Coimbra (Biblioteca Central da Faculdade de Letras, Bibioteca-Geral) e centros de investigação (Centro de Documentação 25 de Abril da Universidade de Coimbra e o Centro de Estudos Interdisciplinares do Século XX da Universidade de Coimbra – CEIS 20).

Fica também expressa uma palavra de admiração em relação a todos aqueles que morreram em nome da liberdade e da justiça, crentes na ressurreição através da História, assim como aqueles que, ainda vivos, encontram razões para celebrar e renovar o seu compromisso com a luta pelos mesmos ideais. Esta homenagem é também extensível ao meu eterno amigo Ângelo Borges (*In memoriam*) com quem, numa das nossas viagens para o "Norte" (Tarrafal), surgiu uma das várias inquietações agora respondida neste livro. Por isso, entre a eternidade da morte e o rito da recordação da memória, fica aqui presente toda a minha homenagem e parte da dedicatória deste livro. Mais do que uma mera referência e um espaço de memória, pessoalmente, posso assegurar que Tarrafal representa também para mim um espaço sentimental e de aprendizagem: aliás, os espaços de memória são sempre, por natureza, espaços de afecção e de aprendizagem. Mas neste caso concreto, realço e assumo a minha relação afectiva com o local, tendo em conta o tempo que ali vivi (início de um ciclo importante da minha vida) que muito marcou a minha maturação em resultado dos bons momentos de aprendizagem que me foram proporcionados por todas as pessoas com quem tive o privilégio de privar no Tarrafal.

Finalmente, mas não menos importante, celebro neste manifesto de gratidão o meu especial apreço e eterno reconhecimento à minha família a quem dedico também este livro, especialmente a meus pais, João Barros e Celestina Varela e a meus irmãos (Ana, Elizângelo, Aldina, Alex, Leonilde) que, embora distantes, estão sempre presentes a assinar comigo a co-autoria desta obra.

A tentativa de fixação da memória constitui umas das funções do ofício de fazer História. Assim, o processo historiográfico de reconstrução da memória é também um processo social de construção das representações dos acontecimentos pretéritos que, por sua vez, são produzidas em forma de discursos historiográficos respeitantes a este mesmo passado. Com isto queremos dizer que o trabalho que ora apresentamos constitui também uma tentativa de fixar um discurso interpretativo sobre o tema e os conteúdos inscritos na linha analítica da abordagem hermenêutica que propomos construir. A problemática central do nosso estudo gira em torno da complexa associação entre a definição das modalidades de punição dos crimes de natureza política e a determinação ou apropriação das ilhas como destinos para a efectivação da prática repressiva de deportação e prisão. Normalmente a imagem da ilha está sempre associada à alegoria de uma prisão natural aberta para o mar infinito, mas fechada sobre si mesma na terra firme que impõe o isolamento como condição de vida. Todavia, mais do que tentativas de construções ficcionadas da parábola da ilha como prisão natural, a nossa abordagem centra-se principalmente nas diferentes modalidades da apropriação política de alguns espaços insulares para fazer cumprir o exercício da condenação à deportação e prisão numa ilha. Se a deportação ou desterro do condenado político para um destino ilhéu valida a perspectiva da metáfora de ilha como prisão natural, por sua vez, a prisão no local (ilha) de desterro corrobora também a asserção sobre a ideia do duplo encerramento: ilha prisão e prisão (especial) numa ilha.

As representações simbólicas da imagem das ilhas são sempre ambivalentes e contrastantes oscilando, por vezes, entre o exótico e o misterioso, entre o admirável e o tenebroso ou ainda entre o paradisíaco e o apocalíptico. Estas representações remetem também sempre para o jogo binário da concepção do bem e do mal através da alegoria das ilhas dos bem-aventurados e das ilhas das tormentas. Esta imagem, por exemplo, está bem patente no *Górgias* de Platão[1] quando Sócrates narra para Cálicles o mítico conto sobre as Ilhas dos Bem-Aventurados (livre dos males e plena de felicidade perfeita) e o Tártaro (lugar de expiação e de castigo). Daí, umas vezes representadas como restos de um paraíso perdido, outras vezes como destroços de um continente submerso ou desaparecido, outras vezes ainda como uma mítica terra longínqua, tenebrosa e enigmática, as ilhas foram sempre destinos de exílio forçado e de isolamento dos desterrados e condenados políticos. É sob a representação simbólica da ilha como destino tenebroso de condenação política que pretendemos construir uma perspectiva analítica sobre a deportação de presos políticos desterrados para os destinos insulares e para as prisões especiais fundadas nas ilhas.

Não podemos deixar de referir que, para além dos destinos insulares, outros espaços coloniais como Angola ou Moçambique foram também determinados como verdadeiros destinos e depósitos de deportados e degredados. Mas tudo leva a crer que a trágica epopeia da deportação de condenados políticos para as ilhas constitui uma marca incontornável do modelo repressivo concebido pelo Estado Novo. Embora esta prática de condenação tenha sido também uma realidade vigente durante o regime que antecedeu o salazarismo, foi, contudo, o Estado Novo que lhe imprimiu novos contornos, adicionando a prisão no local de desterro à prática anterior da simples condenação ao desterro numa ilha. O desterro e a prisão no local de desterro eram determinados como modalidade de condenação política dos opositores ao regime. Enquanto forma de exílio forçado, o desterro era dirigido, fundamentalmente, para os destinos insulares atlânticos e para o longínquo Timor[2]. Além da Madeira e dos Açores, outras paragens insulares dos antigos espaços coloniais (Cabo Verde e São Tomé) foram também demandados para o banimento dos desterrados políticos. Mas, foi sobretudo

---

[1] Platão, 1992, p. 208.

[2] Veja-se Figueiredo, 2004, pp. 707-713.

nas ilhas (São Nicolau e Santiago) do arquipélago de Cabo Verde que a repressiva epopeia da deportação ficou eternizada na trágica história das prisões especiais (Campo de Concentração de S. Nicolau, Colónia Penal do Tarrafal/Campo de Trabalho de Chão Bom, Santiago) concebidas especialmente para o internamento forçado e depuração ideológica dos adversários políticos do regime, sob severas condições disciplinares de reclusão. Enquanto modalidade de punição política, a deportação caracterizava-se pelo banimento do condenado para fora da sua sede de vida (social e política) livre e pela suspensão temporária ou pela perda total dos seus direitos civis e políticos. Por esta razão, consideramos que a trama da deportação tentava reduzir o deportado à completa inactividade e inoperância políticas (a morte cívica e política), impondo o isolamento (numa prisão especial) e a desolação (da vida carcerária no cerco de uma ilha) como forças geradoras de uma suposta consciência de inutilidade dos seus actos perante a força repressiva e a razão moralizante do regime. Então, na esteira de uma repressão punitiva, pretendia-se regenerar o condenado deportado através das punições impostas na ilha do desterro, ao mesmo tempo que, na linha da repressão preventiva, o deportado condenado serviria também de exemplo àqueles que, talvez receando sofrer, poderiam tornar-se melhores perante a obediência aos princípios inscritos nas exigências do poder e da ordem que o Estado Novo pretendia estabelecer. Em suma, a prática da deportação constituía um meio de confrontar o desterrado (face a face) com a força do poder e o poder da força da suprema razão repressiva que era exercido sobre ele.

A experiência do desterro para as ilhas ficou sempre marcada pela incógnita do destino, isto é, os deportados não escolhiam e, normalmente, desconheciam o destino final ou o local do desterro. Quando não era anunciada antecipadamente, a deportação podia dar-se de forma abrupta, súbita e quase inesperada, por vezes, sem possibilidades de realizar e fazer cumprir o ritual do adeus, acrescentando assim às angústias do desterro rumo ao desconhecido, a sensação permanente de insatisfação provocada pela falta da despedida: "uma espécie de nostalgia do não realizado"[3]. Por outro lado, quando existia a possibilidade de concretizar o ritual da despedida,

---

[3] André, 1992, p. 38.

esses instantes ficavam inscritos como os últimos momentos que precediam a partida do desterrado à condenação. Por vezes punidos com residência fixa numa ilha, outras vezes encerrados em unidades de detenção especial, a experiência da deportação foi transversalmente marcada pela ausência, pela desolação, pela angústia do movimento imaginário entre o espaço habitual de origem e o novo espaço da condenação: tudo isso porque o deportado transporta sempre consigo a força do vínculo que o prende e o liga ao seu espaço de origem. Daí, a essência da sua condição de desterrado é a de um ser em conflito permanente, repartido entre a negação imaginária da ilha e da prisão do desterro e a evocação constante da sua realidade longínqua que ficou para trás. A projecção imaginária e a convocação dessa realidade longínqua fazem do deportado um "prisioneiro do que lhe falta, apegado à ausência" e que se debate "entre a rejeição do que vive e a busca do que lhe é manifestamente inacessível"[4].

No isolamento da prisão na ilha do desterro, o deportado é um condenado mas, ao mesmo tempo, membro de uma comunidade cuja pertença só lhe é acessível através do rito da convocação da memória. Se é verdade que a deportação era uma certeza provável, mesmo quando se desconhecia a ilha do destino, também, o é que o regresso constituía sempre uma incerteza. Quanto menos se afiguravam as promessas da liberdade, mais tenebrosa se revelava a natureza angustiante do desterro e da prisão na ilha do desterro, tanto no Campo de São Nicolau, como no Campo de Trabalho de Chão Bom, Tarrafal. E, quando a incerteza do regresso se afigura como uma impossibilidade, ela gera sempre utopias e ilusões, como necessidade existencial da condição do desterrado, ilusão tanto mais idealizada quanto maior era a impossibilidade da sua concretização. Consequentemente, a incerteza do retorno transforma-se em espectro de morte lenta quando inviabiliza o regresso sonhado e a liberdade desejada: a morte selou o destino revolucionário de muitos presos políticos portugueses e africanos que conheceram as prisões políticas insulares do Estado Novo. Por isso, a

---

[4] *Ibidem*, p. 37.

morte lenta é temida porque ela representa, de algum modo, a "consciência do fim" e a "impossibilidade desse regresso fantasiado"[5].

Portanto, no presente trabalho tentamos responder às exigências episte-mológicas de construção historiográfica e de fixação de um discurso interpretativo sobre o tema em análise, tendo em conta o papel das ilhas de Cabo Verde no contexto da rota da deportação e das prisões atlânticas. Contudo, não podemos perder de vista que a nossa opção heurística e hermenêutica não é tributária nem do mito da "objectividade" (conceito sempre caro àqueles que se dedicam ao ofício de historiador), nem do totalitarismo da ideia de uma suposta "neutralidade" (praticamente intangível se pensarmos que o debate historiográfico e o exercício de fazer história são reféns dos condicionalismos de uma época). Uma importante consideração a fazer sobre este estudo prende-se com a clarificação da nossa opção cronológica. Primeiro, porque não adoptamos uma postura cronológica estanque, por reconhecer que o Estado Novo resgata, sob nova modalidade, a prática da deportação do regime que o antecedeu: daí a nossa abordagem sobre a questão do "Campo" na ilha de São Nicolau em 1931. Segundo, porque, no Estado Novo, a apropriação do arquipélago de Cabo Verde como destino de desterro e prisão ficou entrecortada por dois momentos históricos distintos: de 1936 a 1954 e de 1961 a 1974. Por isso, quando debatemos a problemática histórica do desterro de presos políticos e da prisão dos mesmos numa ilha, temos que contextualizar os dois momentos que inscrevem a própria historicidade dos factos. Sendo assim, no presente estudo debruçar--nos-emos mais sobre o período do Campo de Trabalho de Chão Bom (1961-1974), na medida em que constituía uma temática que exigia uma problematização historiográfica mais detalhada.

Por razões de ordem estrutural, optamos também por não abordar o quotidiano da colónia penal durante o período de 1936 a 1954, uma vez que constitui uma temática já abordada por outros trabalhos dados a público, o que limita a nossa margem de manobra em acrescentar algo de novo em relação ao já dito, para além de reconhecermos que, tanto as memórias escritas pelos presos como também alguns estudos se aproximam em termos

---

[5] Cf. *Ibidem*, p. 43; Grinberg, 2004, p. 153.

de descrição daquilo que se considera ser a experiência carcerária vivida naquela colónia penal durante este período[6]. Por outro lado, chamaríamos a atenção para a necessidade de problematizarmos as narrativas memorialistas dos presos no contexto do drama existencial que caracterizou e maculou a vida daqueles que conheceram e experienciaram o desterro naquela colónia penal, e na forma como o calvário da deportação e o fardo repressivo do isolamento da colónia se repercutia na elaboração de visões formatadas pela própria força angustiante do desterro, em relação ao espaço (prisão do Tarrafal) onde decorria a experiência de vida do deportado. Por isso, no contexto da memória da violência e da força da violência da memória veiculadas pelas diferentes narrativas, o Tarrafal (enquanto espaço) e a vida no Tarrafal (enquanto experiência e vivência no desterro) são sinónimos, representam a mesma coisa. Assim, não podemos perder de vista que, para o deportado condenado, a noção de Tarrafal se circunscrevia ao limite das linhas que circundavam a colónia, uma vez que o condicionalismo imposto pelo desígnio tirânico da reclusão impedia-os de experienciar qualquer outra vivência pessoal (intensa) fora do espaço de reclusão. Da colagem entre a angustiante experiência do desterro vivido num estabelecimento especial no Tarrafal e a violência da imagem da prisão situada nesta mesma localidade, os deportados elaboraram e fixaram as suas visões do local, ficando o nome de Tarrafal parcialmente reduzido à memória real da violência e à violência da memória daquilo que foi a via sacra repressiva daquela prisão política ali instituída pelo Estado Novo. Por isso, para compreendermos as representações sobre o Tarrafal precisamos, primeiramente, de um rigoroso exercício de contextualização destas mesmas imagens no âmbito da historicidade das condições materiais e imateriais que caracterizaram a dramática experiência repressiva dos desterrados políticos. Segundo, a partir deste exercício de contextualização, poder-nos-emos aproximar do campo de articulação do discurso memorialista e da forma como as vivências da repressão foram traduzidas

---

[6] Oliveira, 1974; Rodrigues, 1974; Soares, 1975; Pires, 1975; Aquino, 1978; Ribeiro, 1978; Sousa (Coord.), 1978; Miguel, 1986; Oliveira, 1987. Entre os estudos existentes podemos apontar: Manya, 1995; Nunes, 1998; Barros, 2005; Brito, 2006; Tavares, 2007.

em narrações de uma trágica epopeia de banimento político imposto pelo salazarismo. Este exercício impõe-se como uma necessidade de nos descentrarmos subjectivamente do nosso campo de enunciação para, imediatamente, tentarmos ater e reconhecer o significado que o fardo trágico da experiência individual e colectiva vivida no desterro político representa na construção de determinadas narrativas. Com isto queremos simplesmente chamar a atenção para a dimensão real e simbólica que a memória da vivência da deportação, por si só, representa enquanto valor de uma verdade subjectiva mas construída a partir de uma experiência objectiva da repressão e da violência política, passível de ser narrada na primeira pessoa somente por aquele que a experienciou. Talvez assim possamos apreender, minimamente, o sentido e a forma como o drama existencial vivido nas prisões políticas do Estado Novo formatou a imagem e a visão dos que por lá cumpriram o rigor da força repressiva do isolamento numa prisão especial numa ilha.

O presente estudo estrutura-se em três partes principais, compostas por capítulos que se repartem em diferentes subcapítulos. A primeira parte está estruturada em quatro capítulos centrais onde propomos, primeiramente, a definição do nosso problema de estudo, através da identificação de duas vertentes do modelo repressivo do Estado Novo: a *via do enquadramento legal* e a *via do banimento*. Sob a concepção teórica da via do banimento tentamos construir a linha analítica e explicativa da deportação. No segundo capítulo desta primeira parte incidiremos sobre a ideia de ilha como espaço e destino de desterro e a forma como ela é incorporada, gradualmente, na produção político e legislativa dos inícios de 1930. O terceiro explicita as bases político-legais do sistema de reestruturação dos serviços prisionais e retoma o debate sobre o desterro e a prisão numa ilha como modalidade de punição dos crimes de natureza política. Por fim, o quarto capítulo tenta, de forma breve, mapear o roteiro dos destinos insulares da deportação entre as ilhas (prisões) atlânticas e Timor. O objectivo fundamental deste capítulo consiste na identificação desses destinos insulares e na tentativa de reconstituição do trilho dos espaços de deportação política demandados entre os últimos anos da década de 1920 e os inícios de 1930.

A segunda parte do nosso estudo comporta também quatro capítulos nucleares, todos eles transversais à problemática da inserção das ilhas de Cabo Verde na senda dos espaços destinados à prática repressiva da deportação política. Assim, o primeiro centra-se numa contextualização das ilhas de Cabo Verde nos circuitos definidos para o cumprimento do desterro, seguido de uma análise sobre o primeiro Campo para deportados políticos encenado no arquipélago de Cabo Verde, na ilha de São Nicolau, e os demais contextos relacionais de poder e de dominação que caracterizavam a situação dos condenados estacionados na ilha. O segundo ponto descreve o roteiro concebido para a realização dos trabalhos de estudo e de reconhecimento das condições (possíveis) para a instalação de uma prisão especial numa das ilhas de Cabo Verde. É neste contexto que afloramos a inserção da ilha da Boa Vista no itinerário da procura de um destino para a fundação de uma prisão para desterrados políticos. O subtítulo que sucede lança o debate e analisa as possibilidades e as circunstâncias reais da escolha do Tarrafal, na ilha de Santiago, para a fundação da Colónia Penal em 1936, mediante o resgate e o aprofundamento da discussão aflorada no ponto anterior sobre os estudos de reconhecimento das condições que corroboravam a escolha de um espaço (numa ilha) em detrimento da outra. Seguidamente, numa breve análise entre a fundação da Colónia Penal e o seu primeiro encerramento (1936-1956) trazemos à discussão alguns elementos até agora não considerados por trabalhos e investigações anteriores. O segundo capítulo desta segunda parte do nosso trabalho reforça a análise sobre o jogo discursivo de tergiversação conceptual (de Colónia Penal para Campo de Trabalho) e centra o debate, fundamentalmente, na reabertura da prisão do Tarrafal, em 1961 (sob a designação de Campo de Trabalho) e na reapropriação política desta mesma prisão como resposta repressiva para o banimento de anticolonialistas africanos. Estávamos perante a imposição da violência política face às posições políticas anticoloniais e a dinâmica das lutas de pendor emancipatório nos antigos espaços coloniais. Por isso, longe de ser uma simples postura de reacção do regime face ao problema da criminalização política, o Campo de Trabalho de Chão Bom (1961) surge como um dispositivo político do absolutismo repressivo posto ao serviço da salvaguarda da suprema ordem da regulação colonial e da salvaguarda da sacralidade de um império que estava a ser contestada pela sacrílega acção anticolonial: daí, o Campo de Trabalho constituir um instrumento central da violenta acção de resgate da desobediência revolucionária anticolonial. O terceiro capítulo descreve a localização do Campo de Trabalho, analisa algumas circunstâncias e alguns inconvenientes materiais e sociopolíticos do arquipélago na altura da sua reabertura, a composição do quadro do pessoal do Campo, o movimento de entrada e internamento dos angolanos e guineenses desterrados, o cortejo dos presos políticos cabo-verdianos para o Campo de Chão Bom e, por fim, o movimento de saída, transferência e libertação dos presos. No quarto capítulo será dada especial atenção a alguns aspectos da austera vida carcerária dos presos no Campo de Trabalho de Chão Bom, mediada tanto pela repressão como também pela miragem de uma liberdade sempre adiada.

Finalmente, a terceira e última parte da estrutura do nosso estudo analisa a problemática da prisão do Tarrafal na opinião pública, mediante um jogo discursivo e de representações que se posicionavam num irredutível frente a frente entre duas perspectivas contraditórias de enunciação: de um lado, o discurso oficial do regime e a tentativa de manutenção de um certo silêncio sepulcral perante a existência de uma prisão política especial no Tarrafal para o banimento e internamento dos presos e opositores políticos do Estado Novo; do outro lado, nas malhas da censura e da vigilância política, actuavam os discursos de pendor mais contestatários e reivindicativos, forjados no seio de uma opinião pública de carácter mais liberal e refractária em relação às actuações do regime; isto é, estamos perante uma opinião pública que, nas margens da censura e da vigilância política, opera com informações denunciadoras das políticas repressivas do Estado Novo.

# PARTE I

# PARTE I


# O Estado Novo e a Estruturação
# Metódica da Deportação

I

# A Definição da Problemática de Estudo

O objecto principal da nossa abordagem centrar-se-á numa análise sobre as ilhas enquanto espaços e destinos de desterro e prisão durante o Estado Novo. Insistiremos no uso conceptual do termo *deportação* ou *desterro*, e não de exílio, uma vez que os dois primeiros (deportação e desterro) já, por si só, carregam uma componente e um sentido de exílio, sobretudo do exílio forçado, imposto como castigo obrigatório de rompimento e ruptura do indivíduo com as raízes e os laços que sustentam a dinâmica das suas relações sociais e políticas numa dada comunidade. Assim sendo, a nossa análise incidirá no estudo do modelo repressivo imposto pelo regime do Estado Novo, em que as ilhas constituíam espaços de eleição para o banimento, o isolamento e a prisão de todos aqueles que ultrapassavam a linha da ordem, do medo e da subserviência. Em sentido lato podemos afirmar, primeiramente, que estamos perante a problemática do estudo das denominadas prisões políticas do regime. Porém, em sentido mais restrito, não podemos deixar de salientar que o cerne da nossa linha analítica situar--se-á na questão das ilhas enquanto espaços de deportação e de prisão, seguindo o roteiro dalguns destinos insulares de desterro determinados pelo regime: daí a pertinência da problemática de estudo sobre as ilhas como espaços de deportação e prisão no Estado Novo.

O ano de 1933 é consensualmente eleito como um marco fundacional do modelo político denominado Estado Novo. Também não é menos verdade que tanto a definição desta nova lógica política como também a sua implementação legal e institucional ficaram marcadas por medidas que complementaram a sua consolidação: em primeiro lugar a criação de aparelhos políticos e ideológicos; em segundo lugar, a gradual instauração de uma nova ordem, uma nova ordem que caracterizava quer o salazarismo na sua matriz doutrinária, quer o Estado Novo, na sua vertente político-institucional[7], como faces de uma nova forma de produção do político. Ao emergir como discurso de superação das antecessoras modalidades de produção do político, o Estado Novo não descurou também de estruturar as suas práticas governamentais do poder. Por exemplo, de entre as diferentes peças da complexa máquina institucional do novo regime estava presente a vertente repressiva da matriz autoritária, cujo exercício se fundamentava numa intransigência dogmática perante a punição das posições públicas e políticas que se lhe opunham.

Se a vertente repressiva está presente em qualquer tipo de Estado, então não podemos esquecer que essa matriz ganha contornos e características específicas em função do tipo de regime que a concebe, que a sustenta e que a põe em execução. Neste sentido, torna-se pertinente afirmar que as funções repressivas de qualquer regime procuram sempre responder e salvaguardar as suas necessidades e os seus princípios políticos e ideológicos. Assim se explica a forma como, por vezes, o aparelho repressivo se converte no instrumento central e decisivo da sobrevivência do regime e da repressão política, sobretudo, quando esta face repressiva ganha um sentido "fortemente centralizado, profundamente ideologizado e explicitamente assumido na sua dimensão política"[8]. É com base nas características da peça repressiva do regime que se caracteriza como autoritário o perfil político e ideológico do Estado Novo. Por isso, "o parto do «autoritarismo moderno» português faria nascer esse particular Estado Novo"[9]. Deste modo podemos considerar que, em cada momento histórico, e ao sabor das alternâncias, qualquer regime político define e reveste de forma e de conteúdo todos os limites da ordem que pretende instaurar. Ou seja, a forma e o conteúdo que formatam os limites da ordem caracterizam tanto o modelo repressivo do regime como

---

[7] Torgal, 1994, p. 73.

[8] Ribeiro, 1995, p. 21. Sobre a polícia política veja-se ainda Pimentel, 2007; Torgal, 2009, pp. 395-421.

[9] Rosas, 1998, p. 113.

também a lealdade que lhe é prestada pelos seus servidores. Neste caso, a criação de uma polícia política tal como a sistematização de crimes políticos, de repressão política e de formas de cumprimento das penas, no segundo semestre de 1933, são elementos que caracterizam esse fortalecimento do regime na luta contra os seus potenciais opositores internos.

Por isso, mais do que tentativas de manutenção de uma nova ordem, os aparelhos do regime assumem-se como instrumentos ao serviço de uma ideologia, de um Estado, de um poder e, consequentemente, de uma prática discursiva. O conceito de ordem estava associada à ideia do bem colectivo e o bem colectivo estava incorporado na ampla definição dos interesses nacionais, de tal modo que se tornava legítimo reprimir qualquer atitude anti-nacional, uma vez que esta constituía um ataque contra a suprema razão nacional. Deste modo, a noção de adversários do regime é também a noção dos adversários da nação cujo Estado Novo se auto-representava como principal depositário: "os inimigos do Estado Novo são, portanto, inimigos da Nação – do seu vigor, do seu florescimento, do seu ressurgimento em marcha"[10]. Esta asserção legitima o uso da força como forma de reprimir, com vigor, qualquer ataque contra a colectividade, ou melhor, contra os interesses nacionais. Esta é a fundamentação de uma espécie de princípio celebratório da legítima defesa da pátria, posta ao serviço da nação, da ordem, do interesse comum e da justiça para todos. Nesta mesma perspectiva e tomando também como referência o *Decálogo do Estado Novo*, Luís Reis Torgal salienta que a organização corporativa e nacionalista do Estado Novo levava a uma prática repressiva em nome da Nação[11]. Assim, como forma de legitimação do uso da força, o estado autoritário auto-justificava a sua aplicação como forma de defesa do interesse comum, criando desta forma a ideia de que o adversário do regime tinha de ser enquadrado e disciplinado nos rigores do novo quadro político: "inimigos da Nação, esses inimigos do Estado Novo – e todos os que surjam, ou possam surgir, – têm de ser dominados sem dó nem piedade"[12].

---

[10] *Decálogo do Estado Novo*, Edições SPN, Lisboa, s/d, p. 51.

[11] Torgal, 2006, p. 457; Torgal, 2008, p. 28. Ver ainda, Loff, 2008; Torgal, 2009.

[12] *Decálogo do Estado Novo*, Edições SPN, Lisboa, s/d, p. 52.

Se a ordem pretendida passava necessariamente pela criação de um modelo repressivo capaz de assegurar, por todos os meios possíveis, o florescimento e o ressurgimento em marcha do novo regime, então parece pertinente referir que o uso da força está na razão da própria força que a força da razão repressiva reconhecia. Por outras palavras, isto quererá dizer que a força, mais do que um fim, consubstanciava-se num meio de execução da obra iniciada, tornando assim o seu emprego como um "direito incontestável. Mais: como um flagrantíssimo dever"[13]. Sob esta concepção da ordem e dos meios para assegurá--la deveria, consequentemente, emergir um princípio cultivado pelos súbditos do novo regime: a obediência. Esta equivalia à lógica de identificação e de submissão dos indivíduos para com os ideais cívicos e políticos do Estado Novo; ou seja, equivale ao princípio de reconhecimento da legitimidade do poder, uma vez que o que se pretendia era uma verdadeira obra de reconstrução moral de uma autoridade baseada na razão colectiva. A razão colectiva é a fonte de toda a autoridade; da autoridade que defende e administra a liberdade através do Estado porque, tal como Salazar chegou a salientar, "a liberdade garantida pelo Estado, condicionada pela autoridade, é a única possível, aquela que pode conduzir, não digo à felicidade do homem, mas à felicidade dos homens..."[14]. Assim, podemos considerar que o princípio da reconstrução moral pretendia consumar-se no primado da "ordem assegurada pela obediência das almas"[15]. Contudo, não sem oposição e resistência se assiste ao advento da nova ordem. Mas a matriz autoritária do novo regime, marcada pela omnipotência de uma polícia política ao seu serviço e prisões políticas para o encerramento dos seus opositores, constituiu num modo de assegurar tanto a estabilidade do regime como também a defesa e a segurança do próprio Estado[16].

---

[13] *Ibidem*, p. 52.

[14] Ferro, 1935, p. 51.

[15] Georgel, 1985, p. 76.

[16] Sobre este assunto veja-se Barreiros, 1982, pp. 813-828. Por exemplo, com base na caracterização do modelo autoritário do Estado Novo, Cruz, 1982, p. 779, considera que, na prática administrativa e governativa do regime, o Estado Novo se transformou num Estado policial. Ao salientar que o sistema repressivo do salazarismo assentou basicamente na polícia política e suas prisões especiais, por um lado, e nos tribunais especiais, por outro, o mesmo

Consideramos que o autoritarismo do modelo repressivo forjado com o Estado Novo comporta duas vias de tendências aparentemente diferenciadas mas complementares: a primeira é a que propomos denominar de *via do enquadramento legal*. Esta consistia na criação de uma ordem, cuja ideia da omnisciência e omnipotência da autoridade legal impunha a obediência cívica, a subserviência, a sujeição como forma de garantir a estabilidade e a segurança do regime. Neste caso, seria uma tarefa desempenhada pela combinação da força doutrinária dos conteúdos dos aparelhos de inculcação ideológica com os dispositivos políticos de orientação repressiva, visando não só a ordem mas também a realização de uma síntese formativa do "homem novo" salazarista[17]. A via do enquadramento legal passava pela definição antecipada das formas e dos conteúdos impostos pelos limites da nova configuração social, política e ideológica: "o de obedecer, o de não intervir, o de se conformar, o de aceitar a «ordem natural das coisas» que o regime representava, o de ter a clara noção do perigo que significava reagir a tal forma de «viver habitualmente»"[18]. O enquadramento pretendia uma inclusão da população nos termos das fronteiras legais definidas pelo poder, de modo a combinar a força da autoridade do Estado com a submissão incontestável dos seus súbditos. Ou seja, podemos dizer que esta via que denominamos de enquadramento legal se fundia no seguinte trinómio: *"crer – obedecer – servir"*[19]. Com base nestas considerações podemos afirmar que, nos termos da legalidade, automaticamente, tornava-se visível quem era ou não era tolerável no contexto da pretensa ordem utópica idealizada pelo regime.

A segunda vertente que caracteriza o autoritarismo repressivo do Estado Novo, propomos conceptualizá-la como *via de banimento*. Enquanto complemento da primeira, esta segunda via baseava-se no princípio de afastamento e isolamento dos opositores do regime e de todos aqueles que, de forma audaciosa, transpunham a linha do medo e da subserviência estipulada pelo

---

autor conclui que o regime criou aquilo a que podemos chamar sistema de justiça política. Cf. Cruz, 1988, p. 85; Cruz, 1989, pp. 59-70.

[17] Cf. Torgal, 2008, pp. 17-29; Rosas, 2008, pp. 31-48.

[18] Rosas, 1989, p. 30.

[19] *Ibidem*, p. 30. Itálico no original.

desígnio tirânico de um rigor politicamente definido segundo os termos de uma concepção moralizante. A via do banimento firmava-se sobre o primado da exclusão e isolamento do quadro social e político de todos os refractários que ameaçavam o Estado Novo nos seus fundamentos ideológicos, políticos e sociais. Ou seja, o que caracterizava o sistema de banimento era a expulsão da circulação dos [eventuais e declarados] opositores e adversários políticos e de todos aqueles que se julgava serem suspeitos. Todos aqueles que transcendiam os limites da obediência, ou que se encontravam filiados em organizações políticas alternativas ao Estado Novo entravam na categoria de adversários políticos do regime. Assim sendo, a via de banimento consistia na imposição forçada de uma ruptura obrigatória com as raízes e os laços que sustentam a dinâmica das relações sociais e políticas dos indivíduos na comunidade de que eram partes integrantes: é a ruptura, o isolamento e o afastamento forçado, através do desterro, que constituía o instrumento político de banimento concebido pelo regime. Por esta razão, a via de banimento assentava sobre o princípio político-repressivo de deportação e desterro dos adversários e opositores políticos do Estado Novo. Podemos então afirmar que ela representava, no contexto repressivo do regime, uma alternativa de combate àqueles que, à obediência da ordem traçada no quadro do interesse geral, preferiam a sua própria liberdade de acção; isto é, representava uma alternativa de combate àqueles que, perante a não adesão expressa aos ideais adoptadas pelo regime, manifestavam posições consideradas contestatárias e subversivas.

Do ponto de vista pragmático, o Estado Novo pretendia, através da via de banimento, desembaraçar-se da oposição, deportando e desterrando os seus inimigos reais e potenciais para destinos longínquos, visando a depuração política dos mesmos: mais do que a despolitização e exorcização das ideias subversivas anti-regime, o banimento impunha a morte política e cívica dos contestatários. Assim, no isolamento dos cárceres das prisões políticas atlânticas (concebidas para tal fim) e no ostracismo longínquo imposto nos espaços insulares e terras das antigas colónias, o banimento, sob a forma de desterro ou deportação política, consubstanciava-se num meio de desvio das actividades contestatárias, de tentativas de depuração ideológica e regeneração política, de silenciamento e supressão lenta dos adversários do salazarismo. Neste sentido, não podemos esquecer que o banimento incorpora uma dimensão dialéctica de sentido duplo que podemos denominar de combate do combate: o investimento do regime em combater de forma aberta e pública todos aqueles que o combatiam.

O banimento concretizava-se, então, no longo roteiro trilhado por desterrados políticos, enviados para as prisões nas distantes paragens insulares do então ultramar português. Neste caso, o afastamento e o isolamento dos adversários do regime representavam uma modalidade repressiva característica de um regime de pendor moralizante e nacionalista: "reorganizar e robustecer o país com os princípios da autoridade, da ordem,..." capaz de "destruir o espírito de facção e provocar em cada português o interesse nacional"[20]. Numa apropriação da fábula bíblica da expulsão dos transgressores do paraíso edénico, o banimento pode ser traduzido alegoricamente como o desterro daqueles que não obedeciam ao cumprimento da ordem suprema ditada pela moral incontestável do regime. Carregada de um forte suplemento correctivo, a deportação concretizava-se, então, no afastamento do indivíduo expulso, de modo a fazê-lo crer que o Estado Novo constituía uma razão suprema, à qual ninguém devia opor-se, contestar e resistir.

Por outro lado, a prisão no local de desterro fazia parte de um quadro repressivo que tentava traduzir a paradoxal imagem (benevolente) de um regime que reprime em nome de uma moral colectiva, fazendo então das prisões instrumentos importantes da sua panóplia punitiva. Numa apropriação dos enunciados de Michel Foucault, podemos salientar que, enquanto dispositivo do sistema repressivo, "la prison se fonde aussi sur son role, supposé ou exigé, d'appareil à transformer les individus"[21]. Assim, tal como ficou assente nas palavras de Salazar, "em todas as prisões portuguesas o fim que se procura é o mesmo: trazer os homens para a vida honesta, sem os amesquinhar, criando-lhes pelo contrário uma existência relativamente agradável"[22]. Portanto, do exposto, consideramos que a linha analítica do nosso tema centra-se no estudo desta segunda vertente do modelo repressivo – a *via do banimento* – em que os espaços insulares (as ilhas) se convertem em destinos demandados pelo regime para o cumprimento do calvário da deportação e da condenação à prisão no local do desterro.

---

[20] Proença, 1987, pp. 258-259.

[21] Foucault, 1975, p. 235.

[22] Garnier, s/d, p. 118.

II

# A Ideia de Ilha como Espaço e Destino de Desterro

A deportação ou o desterro, sob forma de degredo, constituíram desde sempre uma das modalidades de castigo e de condenação tendo como destinos as longínquas paragens das então denominadas terras do ultramar português. E, mais do que mero castigo, a deportação, sob forma de degredo, enquadrava-se também no velho sistema de colonização, cuja lógica obedecia ao envio de degredados condenados para os vários espaços da colonização portuguesa, representando assim "uma forma de colonização coerciva que, comutando a sentença original, forçava um criminoso a residir numa das várias colónias"[23]. Em 1932, previa-se que, para além da sua dimensão condenatória, a deportação deveria constituir também num meio de utilização e aproveitamento do trabalho penal[24], primeiro, para traduzi-lo em benefício económico geral, e, segundo, para a utilização do trabalho como instrumento de cariz moralizante passível de servir também como um poderoso meio para atingir o objectivo supremo: a regeneração do condenado. Isto é, pensava-se que, através do trabalho, o conceito de pena ganharia, predominantemente, uma conotação de reeducação, uma vez que se considerava que o tempo do calvário passado na deportação criava no deportado a convicção da inutilidade dos seus esforços perante a força moral e material do Estado.

---

[23] Coates, 1998, p. 28. Por exemplo, sobre degredados em Angola ou Cabo Verde veja-se: Venâncio, 1996, pp. 48-52; Cunha, 2004; Cunha, 2008, pp. 69-85; Carreira, 1983.

[24] Cf. Decreto n.º 20:877, de 13 de Fevereiro de 1932.

A partir de 1932, começa-se a definir o princípio de deportação dos condenados políticos com base na ideia de criação de uma prisão numa ilha. Neste mesmo ano, da ideia de ilha como prisão natural aberta e destinada à condenação dos deportados à residência fixa, começou-se, então, por conceber a ilha como destino e espaço para o estabelecimento de uma prisão destinada exclusivamente ao cumprimento da pena de desterro/deportação. Assim, na tradição do desterro ou do exílio forçado dos condenados para os destinos coloniais insulares estava subjacente, primeiramente, o primado da condenação à fixação de residência numa ilha (exemplo bem evidente da ideia e da representação da ilha como prisão natural aberta e, ao mesmo tempo, fechada sobre si mesma). Seguidamente, subentendia-se o primado da condenação à prisão numa ilha (modelo de ilha fortificada por uma prisão especial destinada a presos políticos). A partir destas premissas, passou-se então para a definição das bases da ideia de ilha como destino para o estabelecimento do cerco mural com vista ao cumprimento do desterro. Em termos hipotéticos, podemos acrescentar que a ideia de organização de uma prisão numa ilha poderá ser associada à concepção de uma tenebrosa imagem, uma espécie de materialização da alegoria da ilha das tormentas: por isso, a condenação ao desterro e à prisão no local de desterro numa ilha foram intrinsecamente associadas ao conceito de crimes políticos e às formas ou modalidades da sua punição. Foi portanto, em 1932, nas vésperas da emergência legal (em 1933) do novo regime – Estado Novo – que se reforçou o conceito dos delitos e crimes de natureza política, e a fixação ou formas de cumprimento da pena em prisões especiais numa ilha[25].

No entanto, se o ano de 1933 marca oficialmente a institucionalização legal do Estado Novo, também não é menos verdade que, subsequentemente, é o ano da reconfiguração legal dos denominados crimes de rebelião ou crimes políticos definidos como atentado contra a integridade do regime e a forma de governo instituído. Para além da categorização desses crimes e

---

[25] Ver Decreto n.º 21:942, de 5 de Dezembro de 1932. Sem quaisquer modificações estruturais, este Decreto sofreu algumas alterações pela força do Decreto n.º 22:072, de 16 de Dezembro de 1932 e pela força do Decreto n.º 22:243, de 23 de Fevereiro de 1933.

das modalidades da sua punição (multa, desterro, prisão), a nova legislação de Novembro de 1933 era peremptória em considerar que a pena de desterro tinha de ser cumprida em recinto fortificado ou colónia penal estabelecida numa ilha das colónias, exclusivamente destinada a tal fim, à escolha do governo[26]. Noutros termos, isto quererá dizer que o modelo repressivo do cumprimento da pena de desterro e da deportação dos condenados por crime de rebelião assentará sobre a ideia da ilha enquanto espaço adequado para a execução do banimento, como também destinado ao isolamento do deportado. Nesta sequência, foram adoptadas algumas medidas para o prosseguimento desse propósito: em primeiro lugar, foi criada a secção de presos políticos e sociais[27], à qual competiria prover com o sustento, a manutenção, a guarda e o transporte dos presos por delitos políticos ou sociais; em segundo lugar, ficaram autorizadas as despesas abonadas pelo Estado com alimentação, transporte e guarda de presos políticos ou sociais, como também a contratação do pessoal necessário com as retribuições que forem fixadas, etc[28].

Em jeito de remate, parece-nos pertinente considerar que o princípio da escolha de uma ilha das colónias para o estabelecimento de uma prisão para desterrados políticos carregava também, em si, a ideia de ilha enquanto espaço que, aberto para o mar e, ao mesmo tempo, fechado sobre si mesmo, impunha o isolamento como condição de vida: as ilhas, enquanto espaços circundantes e petrificados, estão sempre presas ao seu insulado destino, eternamente escravas dos limites impostos pela natureza física e pela condição do mar.

---

[26] Decreto-lei n.º 23:203, de 6 de Novembro de 1933. Cf. ainda *Diário de Lisboa*, n.º 3946, Ano 13º, 6 de Novembro, 1933; *Diário da Manhã*, n.º 933, Ano III, 7 de Novembro de 1933.

[27] A secção de presos políticos e sociais foi criada pelo Decreto-lei n.º 24:112, de 29 de Junho de 1934 no quadro da Polícia de Vigilância e Defesa do Estado (PVDE). A criação da PVDE, através do Decreto-lei n.º 22:992, de 29 de Agosto de 1933, constitui um dos passos na orientação do regime e na configuração do aparelho repressivo posto à sua disposição.

[28] Cf. Decreto-lei n.º 24:112, de 29 de Junho de 1934; Decreto-lei n.º 24:356, de 14 de Agosto de 1934 que ficará revogado nos mesmos termos pelo Decreto-lei n.º 24:370, de 17 de Agosto de 1934.

## Ilha Prisão e Prisão na Ilha

Constitui uma ideia historicamente documentada que, em 1932, já se encontra presente a ideia de prisão numa ilha. Porém, ela [re]aparece mais firmemente sustentada e sistematizada no contexto da produção política e legislativa do Estado Novo logo após a instituição legal deste regime em 1933. A configuração dos destinos para o cumprimento de penas por delitos políticos, a partir de 1933, previa, para um horizonte futuro, a escolha de uma ilha para a instalação de prisões para o cumprimento do desterro. Foi no quadro da produção das primeiras medidas configuradoras do novo regime que ficou anunciada e decretada a necessidade de apropriação duma ilha como espaço para a instalação de estabelecimentos de reclusão de desterrados.

Na base do disposto que regulava a forma de punição dos delitos e das infracções disciplinares de carácter político, o sistema de banimento do Estado Novo consumava-se na prerrogativa autoritária e possante do Estado em proibir a residência em território nacional a todos aqueles cuja presença julgasse inconveniente à segurança das instituições e ordem pública[29]. É na sequência da sistematização dos crimes políticos e das modalidades da sua punição que também foram postas em consideração as novas orientações que viriam a nortear todo o quadro de punição dos chamados infractores políticos. Assim, por um lado, a pena de prisão, qualquer que tenha sido a sua natureza, seria cumprida em prisões especiais; por outro lado, a pena de desterro tinha de ser cumprida em recinto fortificado ou colónia penal que seria estabelecida numa ilha das colónias exclusivamente destinada a tal fim[30]. Outrossim, como manifestação do legítimo acolhimento que esta medida estava a ter nos meios sociais e políticos mais afectos ao regime, a imprensa oficial não deixou de salientar que, na cidade do Porto, o referido decreto então publicado e que regulava a forma de "castigar os maus portugueses" causou uma "impressão magnífica" naquela cidade. Ficou explícito também que a sua publicação vinha "corresponder a uma necessidade que desde há muito se impunha", e que a satisfação geral que

---

[29] Cf. Decreto-lei n.º 23:203, de 6 de Novembro de 1933.

[30] Cf. *Ibidem*.

se notava nos meios afectos ao Governo da Nação contrastava com o "constrangimento" quase fúnebre de certos e conhecidíssimos elementos[31].

Deste modo, se é verdade que uma das imagens possíveis do imaginário da vida na ilha é a alegoria da desolação causada pelo cerco líquido do mar infinito, que a circunda e aprisiona os homens entre o céu e a terra firme, então, torna-se legítimo considerar que a ideia da escolha da ilha para a fundação de uma prisão especial corroborava também o princípio da necessidade de um especial e duplo isolamento: ilha para desterro e, prisão no local de desterro. Ou seja, se por si só, a ilha constitui um espaço de cerco fortificado pelas correntes oceânicas, o estabelecimento de um recinto fortificado ou de uma colónia penal numa ilha, (destinada a materializar a execução da pena de desterro), acabava por consubstanciar a força da razão do duplo isolamento – ilha prisão e prisão na ilha. Daí o sentido do duplo isolamento e do duplo encarceramento, situando assim a possibilidade de evasão entre o difícil, a utopia e o impossível, uma vez que, aos criminosos por delito político, estava prevista uma modalidade de internamento "em estabelecimentos especiais afastados dos meios sociais densos, de maneira a ser possível a vigilância fácil, a disciplina severa e a evasão difícil"[32].

Na ilha, o mar representa o mundo exterior; e o mundo interior é a terra firme da própria ilha. Isto significa que a ilha é a metáfora representativa da mítica terra longínqua, de um mundo aberto e fechado sobre si mesmo servindo, por esta razão, como destino para desterrados e anacoretas. Por isso, na tentativa de combinar o regime prisional com a respectiva categoria do condenado, pode-se compreender a justificada necessidade (das prisões especiais) ou a razão de o preso político estar sujeito a um sistema de isolamento especial, onde o regime prisional seria capaz de reduzi-lo à completa inactividade e inoperância. Por isso, a acção da política defensiva e repressiva do Estado Novo centrava-se, por um lado, na eliminação dos opositores políticos através de um modelo de sequestro para as distantes paragens insulares. Por outro lado, esta mesma acção defensiva ficou orientada para que a prisão fosse instituída numa ilha pouco povoada para evitar o

---

[31] *Diário da Manhã*, n.º 934, Ano III, 8 de Novembro de 1933.

[32] Decreto-lei n.º 26:643, de 28 de Maio de 1936.

contacto dos presos com o exterior, mantendo-os no subterrâneo do isolamento, de forma a não poderem perverter e colaborar com outros elementos da população[33]. É com base nos pressupostos de escolha, definição e localização insular de determinados destinos que devemos contextualizar a instituição de uma prisão especial ou colónia penal numa ilha, enquanto depósitos de recolhimento de desterrados políticos ostracizados pela actuação política e repressiva do regime. Tudo isto porque a força do isolamento imposta pela condição insular de uma ilha facilitava os objectivos da reclusão dos condenados nas prisões especiais: disciplina severa, vigilância fácil, dificuldade de fuga e de contacto com o mundo exterior, segregação, facilidade de controlo, o pesado fardo da desolação, opressão e violência do cárcere, a tirania do isolamento, etc. Sendo assim, a prisão especial numa ilha não constituía somente um dispositivo susceptível de isolar, mas também de exigir, de suscitar e de submeter o deportado condenado a uma certa lógica de poder e de obediência intrínseca aos códigos disciplinares reguladores das relações de dominação em contexto de cárcere.

Portanto, torna-se desde já possível assegurar que, desde 1932, a ideia de uma ilha como espaço de desterro e de deportação surge inscrita na determinação da modalidade de punição política, principalmente, sob a forma de banimento do condenado para paragens insulares, distantes da sua sede de vida social e política. E, apesar de 1931 ser o ano da encenação de um modelo de prisão especial para deportados políticos, na ilha de São Nicolau, no arquipélago de Cabo Verde (como abordaremos noutro ponto deste trabalho), é em 1932 que são lançadas as bases de definição do cumprimento da pena de desterro numa prisão a ser estabelecida numa ilha das colónias. Essa medida viria a ser retomada e estruturada pelo Estado Novo, em 1933, mediante a definição dos crimes de natureza política e a sistematização das modalidades da sua punição e cujo ponto culminante se consubstancia com a reorganização dos serviços prisionais e a criação definitiva, em 1936, de uma prisão especial na ilha de Santiago (Cabo Verde) que viria a constituir num dos dispositivos mais despóticos do modelo repressivo salazarista.

---

[33] *Ibidem.*

III


# A Organização dos Serviços Prisionais
## e a Deportação


A institucionalização do Estado Novo ficou marcada pelo processamento de algumas medidas de [re]organização do aparelho político e de busca de solidificação do regime. Entre algumas dessas medidas está a reestruturação dos serviços prisionais dada a conhecer no ano de 1936. Na concepção do novo regime, a necessidade desta reforma procurava responder às demandas dos princípios a que se devia subordinar o regime prisional, de modo a estar cada vez mais próximo dos ensinamentos da ciência e da prática penitenciária de então. Neste caso, considerando a imperfeição e insuficiência das instalações e da orgânica do sistema prisional de então, a necessidade de reforma deste aparelho do regime parecia cada vez mais premente, se atendermos a algumas das seguintes alegações: as condições de construção, instalação e localização dos edifícios, estabelecimentos insuficientes para o número existente de reclusos, donde os excessos de lotação prejudiciais à acção disciplinar e educativa, etc. Perante este quadro, a reestruturação dos serviços prisionais parecia ao novo regime uma necessidade urgente. Sobretudo, era necessidade urgente que a pretendida reforma transformasse o sistema prisional numa organização que definia claramente os fins a atingir, que formulava princípios seguros de orientação e traçava um plano de realização em que a diversidade de estabelecimentos e de serviços se adaptasse à variedade dos delinquentes. Do acima exposto, podemos dizer que a organização do sistema prisional levada a cabo em 1936 pretendia definir as condições materiais de instalação, o mecanismo dos serviços e a forma de execução das penas. Parece também evidente que, no cerne da questão da reforma dos serviços destinados à execução da pena de prisão e das medidas de segurança, estava presente ainda a ideia de que, sem a nova definição do sistema prisional, tornava-se inútil todo o imperioso dever e esforço do Estado na defesa da paz pública, sendo esta entendida sempre como condição necessária ao labor produtivo[34].

Não podemos esquecer que, subjacente à luta do Estado a favor da paz pública, estava também presente o princípio da regeneração do indivíduo (criminoso) através da exorcização dos seus males, da extirpação dos seus vícios e da emenda dos seus maus costumes através de um regime penitenciário, cuja a atenção estaria centrada na construção da moral pública e do progresso; assim, o sentido da justiça provocado pelo rigor da lei e pela severidade do regime penitenciário tinha que fazer regenerar o indivíduo criminoso. Parcialmente, a regeneração resulta da concepção da pena como um sofrimento; ou seja, a regeneração passa um pouco pela permanente consciência da ideia do rigor da lei e pelo trauma do sofrimento penitenciário na memória do condenado. A regeneração passa ainda pelo processo da auto-percepção martirizada do próprio condenado: ao perspectivar a pena como um sofrimento, o criminoso auto-percepciona-se como mártir do meio que o impeliu ao crime e padecedor perante o Estado que o submeteu à condenação.


## *Reestruturação prisional e modalidades de pena*


Perante a concepção da ideia de ordem definida por um regime, o sistema legal não pode ignorar a noção do crime. Nestes termos, o Estado torna-se responsável pela atribuição do sentimento de justiça aos cidadãos honestos e pela defesa social, escudando-se daqueles que perturbam a ordem. Se na base da organização do regime prisional estava em causa o fim da pena, então não é menos verdade que ela [pena] constituía uma modalidade de correcção que almejava obter, sempre que possível, a readaptação social

---

[34] Decreto-lei n.º 26:643, de 28 de Maio de 1936.

daquele que se desviou do caminho da honestidade. Por isso, a natureza da pena implicava respostas diferentes em termos de matéria carcerária, de modo a converter-se num poderoso elemento de manutenção e equilíbrio da moralidade social. Assim, a organização dos estabelecimentos prisionais realizada no dealbar do Estado Novo, em 1936, deve ser vista como resultado do sistema das sanções existentes nas leis definidas em função das diferentes categorias de delinquentes.

A reestruturação dos serviços prisionais, em 1936, designava duas grandes classes de estabelecimentos: primeiro, as prisões; segundo, os estabelecimentos para medidas de segurança[35]. Contudo, previa-se que tanto as prisões como os estabelecimentos para medidas de segurança apresentassem diferentes modalidades. Neste caso, as prisões compreenderiam duas subclasses, sendo uma constituída pelas designadas prisões gerais, destinadas à generalidade dos presos cuja reclusão seria determinada somente pela natureza da pena, e uma segunda categoria, constituída pelas denominadas prisões especiais, cuja problemática principal estava dirigida e centralizada nas características especiais que o delinquente apresentava. Em relação aos estabelecimentos para medidas de segurança, previa-se que cada um deles seria de estrutura diversa, consoante o seu propósito.

Se a antevisão das diferentes modalidades de prisões pretendia corporizar duas classes de prisões – as gerais e as especiais – então é nesta segunda categoria de prisões especiais que encontramos previstas as denominadas colónias penais no ultramar para criminosos de difícil correcção, as prisões para criminosos políticos e as colónias penais no ultramar para delinquentes políticos[36]. A organização dos serviços prisionais vinha responder à demanda da criação dos diferentes sistemas prisionais e à definição dos seus tipos de criminosos correspondentes; isto é, subjacente a esta reforma estava a lógica da sistematização das prisões, dos criminosos e das penas respectivas. Através da reestruturação dos serviços prisionais, o modelo repressivo do Estado Novo configurou a noção de pena com um duplo fim: primeiro, de *prevenção geral* e de *intimidação*; segundo, de *correcção* ou *eliminação*

---

[35] *Ibidem*.

[36] Decreto-lei n.º 26:643, de 28 de Maio de 1936.

*individual.* Isto é, no cerne de uma das pretensões da finalidade da pena estava presente a *eliminação individual* que consistia em "separar o delinquente do convívio social, o que deverá suceder sempre que ele se revele incapaz de ser um elemento adaptável"[37]. Importa sublinhar que este aspecto (a *eliminação individual*) vai ao encontro daquilo que propomos denominar de via de banimento. Esta modalidade de punição (*eliminação individual*) é corolário do processo de individualização da pena: se a acção individual exige diversidade de penas, então ela exige também diversidade no modo como a mesma pena devia ser executada. Mais concretamente, dado que a pena incidia sobre o indivíduo, seria necessário empregar os meios que neutralizassem aquelas tendências, vícios e defeitos que o determinavam a praticar o crime e, por isso, deviam variar também em função das tendências, dos vícios ou dos defeitos que se propunha combater.

Podemos afirmar que a eliminação individual se traduzia no acto de desterrar, expulsar e banir da ordem social os delinquentes (sobretudo políticos) contestatários da nova configuração político-ideológica. Por um lado, a eliminação individual passava pela imposição forçada ao delinquente de uma ruptura com os laços que sustentavam a sua filiação relacional e o seu engajamento político e social, obrigando-o a sentir-se desgarrado da terra em que foi gerado e órfão do universo que sustentava os seus vínculos de pertença. Por outro lado, do ponto de vista do regime, a deportação (enquanto modalidade de punição marcada pela ausência forçada do condenado do seu meio social) não podia deixar de revelar-se aparentemente pragmática e eficaz quando associada ao sentido de validar o princípio de que as penas ou as condenações ao desterro deviam mensurar e legitimar a utilidade pública de prevenir e reprimir os sintomas da inadaptabilidade dos refractários políticos. Assim, a eliminação individual representava um acto de exorcização dos malfeitores, que se traduzia numa suposta morte cívica e política do condenado. Isto é, enquanto forma de banimento do condenado da sua sede de vida livre, a eliminação individual representava uma espécie de prática supostamente necessária para o saneamento de um meio político que se queria erigir politicamente vinculado com os preceitos

---

[37] *Ibidem.* Os itálicos não são nossos.

moralizantes do regime. É nesta base que se fundamentava toda a lógica do Estado Novo na concepção de espaços considerados apropriados (no caso em estudo das ilhas escolhidas como destinos de desterro) para a prática e a efectivação da pena de deportação. Assim, tal como ficou explicitado, pouco importa que se reconheça como excelente a eliminação individual, "(...) se o Estado não dispuser de territórios idóneos para a prática da sanção"[38]. Noutros termos, isto significa que para obter alguns dos efeitos pretendidos com o desterro, em certos casos, pareciam necessários estabelecimentos especiais, apropriados. E como as penas estão condicionadas pela categoria dos delinquentes, seria preciso supor também uma classificação dos delinquentes: na concepção do Estado Novo esta classificação estava na base de toda a reforma e reestruturação prisional uma vez que ela "influi no tipo dos estabelecimentos, localização, construção e no seu regime"[39].

## *A justificação política da necessidade de prisões especiais no Ultramar*

A reorganização dos serviços prisionais imprimida pelo Estado Novo em 1936 respondia também ao processo de apetrechamento do seu modelo repressivo. Se a classificação dos tipos de delinquentes estava na base da nova concepção prisional, então não é menos verdade que, subjacente à categorização dos delinquentes, encontramos os diferentes modelos ou tipos de estabelecimentos elaborados, segundo a obediência a determinados critérios como a localização, a construção, o seu regime de funcionamento e os fins a atingir. Tudo isto seria para adequar os princípios seguros de orientação aos fins a atingir com o plano de realização, em que a diversidade de estabelecimentos e de serviços corresponderia à variedade dos delinquentes, uma vez que nos termos legais do Estado Novo "todos os delinquentes têm uma fisionomia específica"[40].

---

[38] Moreira, 1954, p. 9.

[39] Decreto-lei n.º 26:643, de 28 de Maio de 1936.

[40] *Ibidem.*

Partindo deste pressuposto, somos levados a afirmar que a concepção de prisões especiais no então ultramar estava inserida na lógica do combate aos crimes de natureza política, exorcizando os inimigos da ordem política e ideológica estabelecida. Parece também que a ideia de prisões especiais respondia, em parte, ao receio de não querer deixar fazer transparecer, por vezes, a pouca eficácia aparente que o processo de intimidação individual e a resistência que os efeitos da força política e ideológica do regime encontraram em alguns dos opositores. Assim, perante a categoria de delinquentes insensíveis à acção moral e repressiva e perante a ameaça e o inconveniente que representavam enquanto elementos perigosos estando em liberdade, poderiam ainda revelar-se corruptores se fossem submetidos à vida prisional comum. Por esta razão, ao Estado Novo tornava-se evidente e imprescindível que esta categoria de delinquentes fossem internados em estabelecimentos especiais afastados dos meios sociais densos, de maneira a impor a vigilância, a disciplina severa e dificultar a evasão[41]. Por isso, em 1936, previa-se para estes delinquentes a instalação de estabelecimentos de colónias penais no ultramar; ou seja, "para os delinquentes políticos criam-se estabelecimentos especiais: prisões na metrópole e colónias penais no ultramar"[42]. Do ponto de vista legal, a fundamentação da indispensabilidade de prisões especiais no então ultramar ancorava no princípio orientador de organizar mais de um tipo de estabelecimento, desde que a lei estabelecesse duas espécies de penas de prisão: uma no continente e outra no ultramar. Por outro lado, do ponto de vista ideológico, a justificação da escolha do então ultramar para o encerramento de delinquentes em colónias penais especiais residia no argumento teórico de que o delinquente político não devia ser submetido ao regime de isolamento aplicado aos outros presos. Simultaneamente, não era admissível o contacto com presos de delito comum. Encontra-se aqui a fundamentação teórico-legal da necessidade de conceber prisões especiais.

Na esteira do intento acima exposto, encontramos a força da razão da escolha do então ultramar para a instalação de algumas das categorias de

---

[41] *Ibidem.*

[42] *Ibidem.*

prisões especiais, principalmente porque o ultramar, enquanto apêndice [des]territorializado, distante e longínquo da metrópole, satisfazia o desígnio da razão da força da ausência forçada e do isolamento dos condenados à deportação. Neste sentido, podemos dizer que a escolha das colónias para a instalação de prisões especiais radica na necessidade de efectivar a consumação da condenação sob o primado da ausência forçada da metrópole dos considerados criminosos políticos. Porém, não podemos deixar de referir que a tradição da deportação para o então ultramar não foi uma criação do Estado Novo, embora com este regime se revestiu de características e dinâmicas próprias. Como ficou registado noutra parte deste trabalho, a prática de desterrar condenados para os distantes domínios ultramarinos advém já da longínqua experiência histórica instituída sob a designação conceptual de degredo, remontando assim ao contexto espácio-temporal da ocupação e domínio dos espaços coloniais extra-continentais por Portugal. Por exemplo, Timothy J. Coates salienta que, apesar da maior parte das histórias da ilha de São Tomé não mencionar, os criminosos exilados constituíam a vasta maioria – se não mesmo 90/100 por cento – da população europeia durante os primórdios da época moderna[43]. A mesma posição é corroborada por Isabel Castro Henriques quando afirma que os portugueses degredados por crimes cometidos no reino ou em outros espaços sob controlo português constituíam o essencial da população europeia das ilhas de São Tomé e Príncipe no século XV. "O degredo aparecia como a alternativa à pena de morte ou aos longos períodos de prisão"[44]. Tal como já referimos anteriormente, para além da sua componente punitiva, a prática do degredo satisfazia também os intentos políticos do desígnio colonial, através do envio de contingentes humanos degredados para o povoamento e colonização das terras do então ultramar.

Por outro lado, não podemos perder de vista que, para o regime do Estado Novo, a força motora da colonização não foi determinante na escolha de algumas ilhas das colónias para a condenação política dos desterrados ao calvário da deportação. Durante o Estado Novo, a premissa da deportação

---

[43] Coates, 1998, p. 16.

[44] Henriques, 2000, p. 34.

assentava, fundamentalmente, no plano das conveniências da prevenção e da repressão criminal, procurando assim desembaraçar a metrópole de uma eventual população corrompida e perigosa, por meio de uma pena atemorizadora como o desterro ou a deportação. Foi sobretudo o móbil da acção defensiva do Estado na luta contra os malfeitores (opositores) do regime e o móbil da concepção de um modelo de afastamento dos mesmos dos meios sociais, distantes da metrópole, que determinaram a escolha dos espaços coloniais para o internamento dos deportados em estabelecimentos de disciplina considerados adequados. Assim, podemos assegurar que, com o Estado Novo, a deportação para as colónias obedecia a uma lógica fundamentalmente repressiva. Em contrapartida, os intentos colonizadores do regime ficaram programaticamente associados à promoção e incentivo de uma política de migração de naturais da metrópole para as colónias[45].

Pensamos que, na esteira de uma repressão que se pretendia vigilante e punitiva para salvaguarda da estabilidade do regime, a criação de colónias penais destinadas aos delinquentes de difícil correcção efectivava a "eliminação [dos mesmos] pelo sequestro em qualquer ponto distante do país", ficando "naturalmente aconselhado, por isso, que a prisão seja construída em uma ilha"[46], tendo em conta a fatalidade do isolamento e a dualidade contraditória imposta pela condição insular. Segundo as directivas legais da reforma dos serviços prisionais, a escolha da ilha está na sua razão de ser: um espaço e um destino que, pela sua natureza, tornava difícil o contacto dos presos com os elementos bons que poderiam perverter e com os elementos maus com quem poderiam colaborar[47].

A partir do que já foi exposto ao longo destas linhas, estamos em condições de assegurar que a matriz da deportação (sobretudo para as ilhas) concebida pelo Estado Novo pretendia evitar o inconveniente de uma deportação sem um pensamento seguro de internamento metódico e obrigatório dos delinquentes nos locais do desterro. Se assim não fosse, existiria sempre a possibilidade de os elementos perigosos desterrados se

---

[45] Sobre o povoamento das colónias com naturais da metrópole veja-se, Castelo, 2007.

[46] Decreto-lei n.º 26:643, de 28 de Maio de 1936.

[47] *Ibidem.*

tornarem em perturbadores da ordem social nas colónias por causa das suas atitudes consideradas subversivas, continuando assim a vida que tinham iniciado na metrópole, caso não se providenciasse um sistema apropriado de internamento e vigilância. Por isso, esses "tais delinquentes" só deveriam ser enviados para o degredo quando fosse possível cumprir o desterro sem perigo de "contaminação" dos elementos bons da colónia[48]. Aqui encontramos a razão de ser da cautelosa necessidade de isolamento e de saneamento dos deportados, tanto para a expurgação como também para precaver o contacto: a necessidade de uma prisão na ilha adquire assim um significado real, passível de impor os limites face ao mundo exterior, e um significado simbólico, o da metáfora da ilha prisão, totalmente limitada e cerrada, face ao mundo exterior [aparentemente] sem limites.

Em síntese, tanto para os delinquentes políticos, como para os delinquentes de difícil correcção, previam-se colónias penais correccionais de matriz insular localizadas nas colónias[49]. E, no sistema de individualização da pena, ficou igualmente ditado pelo regime que, tratando-se de pena educativa, correctiva ou eliminatória ou mesmo de medidas de segurança, a regra de libertar o condenado, quando terminar o prazo da pena poderia sofrer uma excepção: "se o criminoso revela propósitos criminosos, se se reconhece que ele não está curado, para quê pô-lo em liberdade? Nem o princípio da liberdade individual nem o da jurisdicionalização da pena deverão impedir que ela se alongue"[50]. Era sobre esta justificação despótica que assentava o argumento da reclusão permanente de muitos deportados que foram mantidos sob um sistema de encerramento severo e disciplinar por tempo indeterminado, mesmo depois da data limite do cumprimento da pena. Daí se insistisse na definição do local, nas condições de localização e nas de instalação dos estabelecimentos penais como forma também de salvaguardar a legítima autoridade do regime, na sua postura intransigente de manter sob coerção

---

[48] *Ibidem.*

[49] Cfr. Decreto-lei n.º 23:203, de 6 de Novembro de 1933 com o Decreto-lei n.º 26:643, de 28 de Maio de 1936.

[50] Decreto-lei n.º 26:643, de 28 de Maio de 1936.

aqueles que representavam um desafio à consumação da ordem política e social e à aproximação moral e ideológica da utopia idealizada.

## Estabelecimentos Prisionais

Enquanto aparelhos repressivos postos ao serviço do regime, os estabelecimentos prisionais destinavam-se à detenção, ao cumprimento das penas e à execução de medidas de segurança privativas da liberdade. As colónias penais no então ultramar para criminosos de difícil correcção e para os criminosos políticos estavam enquadradas nas categorias de prisões especiais, por isso elas funcionariam como estabelecimentos adequados para a execução de penas de prisão maior, cumprida em regime de isolamento. Previa-se com a efectivação das penas privativas da liberdade duas componentes fundamentais: uma intimidativa e outra regenerativa, de [re] conversão e readaptação social do delinquente. Basicamente procurava-se responder à exigência de "exclusão" forçada imposta pelo regime, fazendo do desterro ou deportação parte legítima do quadro político de punição, ficando assim as colónias penais no então ultramar especialmente destinadas ao cumprimento do calvário apocalíptico dos presos políticos. É por esta razão que se prognosticava que o sistema de construção dos edifícios prisionais devia obedecer aos critérios de isolamento, de comunicação sem perturbar a ordem interna, de separação dos reclusos, de organização dos trabalhos, etc.

Na verdade, o processo de desterro da metrópole definia o roteiro dos condenados e da condenação para as colónias; entre os condenados das colónias o sistema obedecia também à lógica do envio dos mesmos para os diferentes domínios coloniais do então império. Por exemplo, em 1936, foi legalmente decretada a instalação em Angola, no Forte Roçadas, do Depósito Penal de Angola, que se destinava a receber os indivíduos condenados a degredo pelos tribunais de Angola, S. Tomé, Cabo Verde e Guiné. O referido Depósito ficaria subordinado às autoridades militares da colónia de Angola, regendo-se pelas leis e regulamentos militares: a alimentação, o vestuário e higiene dos condenados da colónia permaneceriam a cargo dos serviços militares, ficando contudo os governos das colónias de Cabo Verde, Guiné e S. Tomé e Príncipe responsáveis pelos encargos das despesas a fazer com os condenados que enviassem para o Depósito Penal[51].

Nos termos da definição das modalidades de punição dos denominados crimes políticos foram criados, em 1938, os tribunais militares territoriais das colónias, aos quais competia a instrução e o julgamento dos crimes e infracções praticados na área da sua influência[52]. Os tribunais militares territoriais constituíam uma secção do Tribunal Militar Especial, criado em 1932, para a punição de crimes políticos. Segundo as determinações sobre os locais de cumprimento das penas daqueles que tinham sido condenados pelos tribunais territoriais nas colónias, ficou estipulada a ideia de permutação ou transposição dos condenados dos locais de punição. Assim, entre os condenados das colónias, as penas de desterro passariam a ser cumpridas do seguinte modo: "as de Macau, em Timor; as de Timor, em Macau; as da Índia em Moçambique; as de Moçambique e colónias do ocidente, na Colónia Penal de Cabo Verde; as de Cabo Verde, em S. Tomé"[53]. Em relação à distribuição das despesas com os presos políticos e sociais nalgumas colónias (Cabo Verde, Guiné e Timor), entre os anos 1937 e 1938, os documentos asseguram que ao arquipélago de Cabo Verde seria atribuída uma maior quantia de verbas nas despesas relacionadas com os presos cadastrados e vadios[54]. Não podemos esquecer que, nas ilhas de Cabo Verde, a presença de desterrados constituía uma realidade corrente, em 1931, e de forma cada vez mais acentuada a partir de 1936. Contudo, para a compreensão histórica desta problemática, importa ter sempre presente as diversas situações (de vida livre ou de cárcere) que caracterizam e diferenciam os contextos marcados pela presença de deportados naquele arquipélago, inclusive as influências e suas relações directas ou indirectas com o meio social onde se encontravam desterrados.

---

[51] Decreto n.º 27:067, de 3 de Outubro de 1936.

[52] Decreto-lei n.º 29:351, de 31 de Dezembro de 1938.

[53] *Ibidem*.

[54] Decreto n.º 30:230, de 30 de Dezembro de 1939.

Assim, fica explícita a necessidade de considerar a ideia central que distingue as situações em que decorriam a vida no desterro, tendo em conta as duas modalidades que marcavam os contextos materiais da condição do deportado: uma de presença "livre" nos meios sociais onde se encontrava desterrado, e a outra de isolamento em prisões especiais, impondo assim a sua "ausência", praticamente, total dos contextos sociais onde decorria o cumprimento do desterro.

# IV

## Os Destinos de Deportação

Na esteira do que tinha sido a tradição e a prática de banimento desencadeada pela Ditadura Militar para com muitos dos seus opositores e resistentes, o Estado Novo somente concretizou, politicamente, o princípio de desterro e prisão/isolamento no local de desterro, através da criação de prisões especiais ou colónias penais. Para este regime, o cumprimento do desígnio de saneamento do ambiente político e ideológico estava na base de toda a argumentação que sustentava a ideia de "eliminação" dos seus opositores para as longínquas terras insulares das colónias. Subjacente estava também a tarefa messiânica de erigir uma ordem moral, de modo que a "ausência" do opositor refractário favorecesse a segurança, em resultado do seu afastamento do meio social onde provocou ou poderia vir a colocar o alarme com o seu delito político. Não podemos esquecer que o modelo repressivo do Estado Novo se caracterizava por uma forte acção depuradora de saneamento político e ideológico de todos quantos atentassem contra a pretensa legalidade do regime e contra a forma de governo constituído.

É neste contexto que podemos enquadrar a problemática da deportação como instrumento de intimidação sobre a generalidade dos indivíduos que poderiam ultrapassar a linha do medo e os limites estabelecidos da vida lícita. Em termos práticos, a acção de banimento ficou caracterizada, primeiramente, pela execução real do cumprimento de um quadro político que o regime elaborou, concebendo legalmente a deportação e o desterro como pena de condenação política. Em seguida, ficou marcada pela acção de determinar os destinos (considerados adequados) para o cumprimento da referida condenação e pelo envio dos deportados para as respectivas paragens. Importa sublinhar que a condenação ao desterro estava orientada e recomendada, legalmente, para os considerados delinquentes políticos. Assim sendo, podemos considerar que estamos perante um sistema político cujo modelo repressivo possuía uma vertente centrada na elaboração de respostas para a criminalização política e, ao mesmo tempo, para a salvaguarda do regime enquanto forma de Estado. Ou seja, no quadro do princípio de governar com vigilância e punir com firmeza, a questão estava centrada nos termos de uma repressão dirigida à criminalidade política contra o regime, enquanto Estado e forma de governo instituído. É deste modo que a apropriação de algumas ilhas (como demonstraremos noutra parte deste trabalho) permitiria organizar a execução das prisões especiais e o cumprimento da pena de condenação política, convertendo assim a deportação num meio de realizar os fins da própria penalidade mediante a fatalidade imposta pela austera situação de desterro. Por isso, admitia-se a legitimidade da deportação, tanto pela força da definição legal dos denominados crimes políticos, como também pela forte carga simbólica do sentido de severidade que se atribuía à necessidade da sua punição, assim como pela existência de espaços considerados convenientes para a concretização do próprio desterro.

## Das ilhas (prisões) atlânticas a Timor

Neste ponto do nosso trabalho propomo-nos fazer um breve mapeamento de algumas prisões e destinos de deportação que faziam parte do itinerário da condenação por que passaram muitos dos deportados e presos políticos portugueses, principalmente entre o período político da Ditadura Militar e os primeiros anos da emergência do Estado Novo. Na verdade, mais do que uma análise aprofundada da questão, o que se quer com esta pequena abordagem é, simplesmente, traçar as coordenadas dos trilhos da deportação situados entre o Atlântico e o longínquo Timor.

Em primeiro lugar, importa referir que, entre os destinos de deportação estão diferentes espaços insulares que preenchiam um longo itinerário que começava nas paragens atlânticas e terminava em Timor: Açores, Madeira,

Cabo Verde, São Tomé, Timor. Entre os finais da década de 1920 e os primeiros anos de 1930, os arquipélagos atlânticos constituíam verdadeiros depósitos de deportados condenados à residência fixa nas diferentes ilhas. Por isso, a Madeira e os Açores foram, primeiramente, os principais destinos de residência forçada dos deportados que eram banidos do continente, principalmente na sequência da repressão dos movimentos de cariz republicano/reviralhista de oposição revolucionária ao regime da Ditadura Militar. Assim, a deportação e a residência fixa nas ilhas constituíam um dos mecanismos repressivos usados por este regime para se desenvencilhar daqueles que lhe faziam oposição. Por exemplo, no quadro da deportação e da residência fixa apresentada por Luís Farinha, as ilhas da Madeira e dos Açores afiguram-se como as primeiras que totalizavam uma maior cifra percentual, constituindo deste modo "uma espécie de paraísos da deportação"[55]. Se por um lado esta noção de "paraíso de deportação" pretende veicular a ideia de magnitude que a presença significativa de deportados ganhava naqueles dois arquipélagos, por outro lado, no discurso do Estado Novo, pretendia-se oficialmente dar a ideia, por exemplo, da "doçura" e da suavidade da deportação dos condenados políticos para Madeira. Aliás, esta asserção está bem presente na menção feita a partir de uma frase do ditador polaco, Pilsudski, sobre as violências da ditadura portuguesa: "Abençoado país este Portugal que tem a sua Sibéria na ilha da Madeira"[56].

No entanto, mesmo quando os (primeiros) destinos prováveis poderiam ser as ilhas atlânticas da Madeira e dos Açores, convém não perder de vista que a deportação representava sempre uma espécie de viagem ao desconhecido, o que significa que outras paragens mais distantes poderiam ser demandadas como destino final de desterro. Por isso, a epopeia da deportação e a aventura forçada dos desterrados para as distantes paragens do então ultramar decorria como uma viagem em direcção ao longínquo vazio de uma terra mítica, cujo destino se desconhecia: não só a deportação era imposta como pena, como castigo, como também o deportado nunca podia

---

[55] Farinha, 2007, p. 200; Farinha, 1998, p. 284; Alves, 1935, p. 85. Sobre a deportação neste período cf. ainda Mattoso (Dir.), 1994, pp. 208-210.

[56] Ferro, 1935, p. 77.

escolher o local de desterro. Todavia, para além da Madeira e dos Açores, situavam-se também pelo Atlântico médio outros destinos insulares de desterro, como o arquipélago de São Tomé e Príncipe e as ilhas do Arquipélago de Cabo Verde. Por exemplo, só em Fevereiro de 1927, cerca de um milhar de deportados tinha sido desterrado para diferentes ilhas e colónias africanas (Angola e Moçambique), embora alguns viessem a ser novamente transferidos (nesse mesmo ano) para os arquipélagos dos Açores e (posteriormente, em 1929) para a Madeira. Mas outras sucessivas vagas de deportados, em 1931, foram engrossar o cômputo geral do número de desterrados nas ilhas e colónias: do número de deportados políticos em 1931 – 1932, (entre oficiais, sargentos, praças e civis) totalizava-se cerca de 29 em S. Tomé, 46 na Guiné, 456 em Angola, 334 em Cabo Verde e 500 em Timor[57]. Assim, entre os dois arquipélagos do Atlântico médio, Cabo Verde foi o mais demandado para o banimento dos deportados políticos, um facto passível de ser explicado se tomarmos em consideração a preparação de um dos primeiros campos de reclusão para desterrados encenado na ilha de São Nicolau, em 1931, neste mesmo arquipélago.

Fora e distante das ilhas atlânticas, identificamos Timor como um dos espaços que fazia parte do longo roteiro dos destinos da deportação trilhado por centenas de deportados que estiveram distribuídos entre Dili, ilha de Atauro e o enclave de Oe-Kussi, principalmente, entre os anos de 1927 e 1931. A distância, o isolamento e as condições de adaptação faziam parte da trágica epopeia da deportação para essas distantes paragens coloniais que ficaram convertidas numa espécie de campo de aglomeração de desterrados. Por exemplo, a descrição do local é categórica em considerar que, dada a pequenez da sua superfície e a carência de meios de comunicação, Atauro constituía um campo de concentração natural: o mar substituía o arame farpado e a espingarda vigilante das sentinelas. No Oe-Kussi havia um verdadeiro campo de concentração, com profundos e largos fossos cheios de água e, em volta, os postes de arame farpado. Metralhadoras em posição vigiavam o campo de um alto próximo. Um comandante, à frente de uma força indígena e empunhando um chicote, dava ordens. Em ambos

---

[57] Cf. Marques (Org.), 1975, p. 133 e Marques, 1973, p. 132.

os pontos a narrativa refere a existência dos "piores climas da Colónia", caracterizados por elevados registos de temperaturas e por chuvas que faziam encher os terrenos à volta, gerando doenças entre os prisioneiros e fazendo a morte abrir sobre estes, pairando invisível, as suas negras asas acolhedoras. Assim, por referência ao abismo que representava uma deportação para destinos longínquos, Atauro ganhou o epíteto de "Ilha Maldita" e "antecâmara silenciosa da morte" onde vários deportados portugueses viveram horas de agonia[58]. Aliás, estas descrições são elucidativas em fazer-nos reconhecer que estamos perante a encenação de um modelo repressivo que, tendencialmente, se inclinava para a prática metódica do desterro e da prisão no local de desterro. Entre os espaços insulares coloniais que funcionavam como espaços de deportação, Timor e as ilhas de Cabo Verde constituíam, entre 1927 e os primeiros anos de 1930, os destinos preferenciais para o isolamento e fixação de residência dos desterrados. Tal como já referimos, nos anos de 1931 e 1932, chegaram a estar estacionados (por deportação e fixação de residência) em Timor e nas ilhas de Cabo Verde cerca de oito centenas de deportados (800), constituídos principalmente por civis e militares, sendo cerca de mais de três centenas (334) em Cabo Verde e cerca de cinco centenas (500) em Timor.

Um outro ponto ainda digno de referência prende-se com a questão da constante circulação e transferência obrigatória a que os deportados, por vezes, eram sujeitos nos diferentes destinos ilhéus de deportação, prin-cipalmente, entre os anos de 1931 a 1935: por exemplo, dos Açores para Cabo Verde, e deste último para São Tomé ou Timor, como também de Cabo Verde para os Açores ou para a Madeira, etc. Ou seja, os deportados eram arbitrariamente transferidos e deslocados para diferentes arquipélagos ou para diferentes ilhas do mesmo arquipélago. Assim, fixados na rota da deportação, os desterrados desconheciam a direcção incógnita do arquipélago, da ilha ou do porto de destino: depois da Madeira e dos Açores, o percurso do desterro, nalgumas vezes, era marcado por uma escala em Cabo Verde,

---

[58] "Um grupo de Deportados de Timor à Nação Portuguesa", *Presos Políticos (1932-1994), Espólio Piteira Santos, Documentação Diversa (comunicados e panfletos)*, Centro de Docu-mentação 25 de Abril, Universidade de Coimbra (UCCD25). Veja-se também *História*, n.º 28, Ano XXII (III Série), Setembro 2000, p. 26; Figueiredo, 2004, pp. 707-713 e pp. 915-918.

onde deixavam alguns e levavam outros que lá se encontravam para outros destinos como São Tomé ou Timor; por vezes, a arbitrária transferência de deportados decorria também de São Tomé ou da Guiné para as ilhas de Cabo Verde, ou para a Madeira e os Açores. Mas na base comum de todo o sistema de deportação estava sempre presente a ideia de isolamento e de desolação dos desterrados para pontos de difícil adaptação e de completa inactividade e inoperância política (principalmente nos arquipélagos de Cabo Verde, São Tomé e Timor). Por exemplo, esta asserção pode ser corroborada através da descrição de Mário Soares sobre as severas e vigilantes condições de desterro em que se encontrava, aquando da sua deportação (com residência fixa) para São Tomé em Março de 1968[59]. Como já tivemos oportunidade de referir, vários foram os destinos insulares demandados para o banimento político. Por exemplo, segundo os dados apresentados por Luís Farinha sobre alguns espaços determinados para a condenação política (as ilhas atlânticas do Portugal continental e os arquipélagos do então ultramar), Açores foi o destino insular com maior percentagem de deportação (40%) e de residência fixada (26%), seguida de Cabo Verde (26% e 19%), Madeira (21% e 11%), Timor (13% e 5,5%) e São Tomé (9% e 3%), respectivamente[60].

Contudo, podemos acrescentar que, a partir de 1933, fez-se a actualização metódica do sistema que regula a punição dos delitos políticos e das infracções disciplinares de carácter político, através da imposição da pena de desterro e de prisão no local de desterro. Desde então, a Fortaleza de S. João Baptista em Angra do Heroísmo (ilha Terceira), nos Açores, passou a funcionar de forma sistemática como prisão política, principalmente, a partir de Novembro de 1933, com a remoção do continente para aquela ilha de alguns indivíduos que o Governo considerava serem os "piores elementos". Numa nota oficiosa publicada no *Diário da Manhã* de 28 de Novembro deste mesmo ano ficou anunciado que, com destino ao forte de S. João Baptista em Angra do Heroísmo, embarcaram em 19 deste mesmo mês, cerca de 150 presos políticos

---

[59] Cf. Soares, 1974, pp. 550-561.

[60] Cf. Farinha, 1998, p. 284.

que ali aguardariam o julgamento pelo tribunal especial[61]. O internamento de presos políticos na prisão do Forte de S. João Baptista, em Angra do Heroísmo, marcou o prenúncio de uma nova modalidade de repressão dos presos políticos que superava tanto a simples deportação, como também a simples obrigatoriedade de residência fixa numa ilha. Isto significa que, mais do que o banimento em si, a nova modalidade de repressão se centrava na imposição da força do isolamento através do cerco de prisões dirigidas sob severas instruções disciplinares, que norteavam a repressiva condição de subalternidade do recluso. Por isso, com o Estado Novo, o isolamento e o encerramento dos opositores do regime nas prisões especiais representava uma espécie de aperfeiçoamento e fortalecimento de um mecanismo repressivo que, sem extinguir a deportação e a fixação de residência aplicada pelo regime anterior, as incorporava e diluía numa modalidade aperfeiçoada de degredo e de prisão no local do degredo. Importa também referir que o funcionamento da Fortaleza de São João Baptista como prisão política acabou por definir, por um lado, a continuidade dos Açores na rota dos destinos de deportação, mas com o acréscimo de ter sido convertido num verdadeiro depósito de deportados. Por outro lado, o arquipélago dos Açores converteu--se num espaço de trânsito de presos políticos, sobretudo depois da criação da colónia penal do Tarrafal em 1936. Trânsito no sentido em que muitos deportados eram enviados ou estacionados (temporariamente) no depósito de Angra do Heroísmo, mas posteriormente transferidos para a ilha de Santiago no arquipélago de Cabo Verde. Por exemplo, o primeiro contingente de deportados banidos do continente em direcção à recém-criada colónia penal do Tarrafal, em Outubro de 1936, ficou engrossado com outros presos que,

---

[61] Cf. *Diário da Manhã*, n.º 954, Ano III, 28 de Novembro, 1933; *O Século*, n.º 18.576, Ano 53.º, 28 de Novembro, 1933; *Diário da Manhã*, n.º 957, Ano III, 1 de Dezembro, 1933; *O Século*, n.º 18.579, Ano 53.º, 1 de Dezembro, 1933. Veja-se também, "Lista que se considera quase exaustiva dos presos políticos que estiveram na Fortaleza de S. João Batista nos Açores", *Presos Políticos (1932-1994)*, Centro de Documentação 25 de Abril, Universidade de Coimbra (UCCD25). Cf. ainda Pedroso, 1995, p. 41. (Este refere-se a 22 de Novembro de 1933 como data de internamento dos presos nos Açores).

após períodos de internamento na Fortaleza de S. João Baptista, foram transferidos para Cabo Verde[62].

A instituição de uma colónia penal em Cabo Verde marcou significativamente uma viragem na política de deportação, no sentido em que a ilha de Santiago passou a constituir o principal destino de condenação política. Isto é, para além da manutenção dos presos nos Açores (Fortaleza de S. João Baptista) o trânsito atlântico do desterro ficou marcado, fundamentalmente, pelo predomínio do internamento dos presos políticos na colónia penal do Tarrafal e por uma política de desterro direccionada, quase que exclusivamente, para esta paragem.

Em jeito de síntese, podemos considerar que, no contexto das ilhas como espaços de deportação e de prisão, parece pertinente sustentar duas modalidades repressivas inscritas no sistema de desterro. A primeira caracterizava-se fundamentalmente pela deportação e fixação de residência dos condenados. Apesar de muitos terem sido transferidos de ilha para ilha, isso não invalidou o sistema de residência fixa, uma vez que o deportado era mantido sempre distante do seu espaço social e político de residência. Outra das características dessa primeira modalidade era a possibilidade de circulação "livre" dos deportados nas ilhas onde se encontravam desterrados, embora constantemente vigiados pelas autoridades. Entretanto, não faltaram tentativas de encenação ou improvisação de alguns "campos" de internamento para deportados, ao mesmo tempo que outros deportados permaneciam disseminados por outras ilhas do mesmo arquipélago, tal como aconteceu em Cabo Verde no ano de 1931. Por sua vez, a segunda modalidade repressiva inscrita no sistema de desterro, foi metodicamente preparada pelo Estado Novo, a partir de 1933, com a definição dos crimes de rebelião (crimes políticos) e a determinação prévia e legal das modalidades da sua punição. Sendo assim, esta segunda modalidade ficou caracterizada por um sistema de exclusivo e sistemático isolamento dos deportados, através do desterro e prisão em estabelecimentos especiais de reclusão no local de desterro: assim se impôs a desolação, o (duplo) cerco na ilha e o encerramento dos presos políticos como forma de condenação, sobretudo a partir de 1936.

---

[62] Veja-se entre outros, Oliveira, 1987, pp. 69-94; Rodriguez, s/d., pp. 16-18.

# PARTE II

# PARTE II

## Cabo Verde: Arquipélago de Deportação

I

# AS ILHAS DE CABO VERDE NA ROTA
## DA DEPORTAÇÃO POLÍTICA

A existência de degredados em Cabo Verde constituía uma das marcas da ocupação e da colonização portuguesa neste arquipélago. Os registos mais antigos referentes a indivíduos condenados ao exílio em Cabo Verde datam da segunda metade do século XV[63]. Como já tivemos oportunidade de referir anteriormente, a deportação ganha outro formato para além do que foi estipulado pelo modelo clássico de degredo que obedecia ao fomento de uma política de ocupação colonial e de povoamento das possessões do então ultramar. No entanto, é sobretudo a partir dos anos de 1930, ainda sob o regime da Ditadura Militar, e subsequentemente com o Estado Novo, a partir de 1933, que a deportação para o arquipélago de Cabo Verde ganha contornos e práticas cada vez mais metódicas e modernas. Inicialmente vincava o sistema de condenação à residência fixa numa ilha que passou a contar posteriormente com a adição do cerco dos desterrados em prisões especiais. A definição legal da instalação de prisão no local de desterro (numa ilha, tal como foi pressagiado pelo regime) caracteriza aquilo que insistimos em denominar de duplo cerco: o cerco da prisão circundada pelo cerco líquido do mar.

Supostamente, pensava-se que a distância do local de desterro e de prisão, adicionada ao isolamento produzido pelo duplo cerco (da ilha e da prisão na ilha) e pela impossibilidade de evasão e de contacto com a

---

[63] Cf. Coates, 1998, p. 109.

população livre, fazia com que a deportação tivesse um efeito renovador sobre aquelas categorias de presos considerados politicamente 'perniciosos' e 'indesejáveis'. Do ponto de vista da prática repressiva, o banimento para as ilhas de Cabo Verde, complementada pela prisão no local de desterro tentava cumprir as duas ideias fundamentais intentadas pela deportação: a regeneração política e ideológica e a morte cívica dos deportados. Assim sendo, nas rotas dos espaços coloniais de deportação política, encontramos algumas das ilhas de Cabo Verde que serviram de destinos e palcos de encenação das "tormentas" repressivas que caracterizavam o desterro e a prisão no local de desterro: primeiro, a ilha de São Nicolau e, posteriormente, a ilha de Santiago. Mas a escolha definitiva para o estabelecimento de uma prisão especial para desterrados políticos passou por um processo de realização de estudos de reconhecimento dos espaços e das condições de adaptação que melhor corroborassem a sua instalação. Neste roteiro de busca e validação dos espaços encontramos a ilha da Boa Vista (Cabo Verde) como um dos destinos percorridos por uma comissão encarregada de estudar as condições para a fundação de uma prisão. Contudo, o momento celebratório da encenação do primeiro campo para presos políticos deportados em Cabo Verde situa-se no ano de 1931, na ilha de São Nicolau.


## *A ilha de São Nicolau e a encenação do primeiro campo*

A ilha de São Nicolau, em Cabo Verde, foi um dos primeiros espaços de encenação de um campo de concentração para deportados políticos portugueses desterrados para aquele arquipélago. A partir de 1927-1928, a presença de deportados condenados à modalidade de *residência fixa* constituía uma realidade comum, tanto nas ilhas adjacentes do Portugal continental como também nas ilhas de Cabo Verde e noutros espaços coloniais como S. Tomé, Angola, Guiné, Timor. Contudo, foi na ilha de São Nicolau (arquipélago de Cabo Verde) que a modalidade de deportação associada à preparação de uma prisão especial na ilha conheceu a sua primeira encenação no ano de 1931. Ou seja, apesar do *desterro e prisão no local de desterro* ter sido sistematizado definitivamente com o Estado

Novo, entre 1933 e 1936, foi ainda com a Ditadura Militar que, em 1931, se fez a montagem do primeiro cenário, no arquipélago de Cabo Verde, para a fortificação de uma verdadeira prisão para deportados políticos, ficando a referida encenação eternizada, entre os deportados, com a designação de campo de concentração da ilha de São Nicolau (Cabo Verde).

## O *"campo de concentração" da ilha de São Nicolau*

São Nicolau foi o destino escolhido tanto pela Ditadura como também pelo Estado Novo para a materialização do primeiro modelo de prisão especial, metodicamente concebido para o encerramento de presos políticos portugueses que eram enviados para Cabo Verde. Se o ano de 1931 constitui a primeira tentativa de encenação de uma prisão especial em Cabo Verde, é, o ano de 1936 que marca efectivamente a data da sua materialização.

O "campo de concentração" de São Nicolau foi concebido na sequência da necessidade de internamento dos revolucionários que tomaram parte activa na revolta da Madeira de 1931, movimento que também se propagou aos Açores e à então colónia da Guiné. Se, historicamente, uma das respostas da Ditadura foi a deportação em massa da maioria dos revoltosos envolvidos, também não é menos verdade que o regime endurece os mecanismos repressivos através do internamento dos deportados na ilha de S. Nicolau. Reprimir a revolta através da deportação constituía um dos meios de abortar novas investidas contra o regime e contra a ordem política. Por esta razão podemos considerar que à repressão da revolta se deveu a tentativa de ensaiar a criação do primeiro campo de concentração em Cabo Verde para deportados políticos; ideia essa também consensual entre autores como Célia Reis e Luís Farinha[64]. Acrescentamos ainda que, por referência à tradição política de uma prática que tinha nas ilhas de Cabo Verde um dos destinos demandados para o desterro e, por referência às difíceis condições de adaptação dos condenados naquele arquipélago, assim como a presença frequente dos mesmos nas diferentes ilhas, a fundação de um espaço de

---

[64] Cf. Reis, 1990, p. 82; Farinha, 1998, p. 276.

reclusão para os desterrados tornava-se numa medida aparentemente justificável.

Os revoltosos foram condenados à deportação, sendo desterrados do Funchal (arquipélago da Madeira) e transportados, no vapor *África* para o arquipélago de Cabo Verde em meados de Maio de 1931. O primeiro desembarque deu-se na cidade da Praia, ilha de Santiago, sob a vigilância de uma força de soldados indígenas destacados e organizados exclusivamente para o efeito, uma vez que o destino dos mesmos tinha sido confiado ao governo colonial do arquipélago, comandado pelo então Governador, Amadeu Gomes de Figueiredo. Os deportados, na sua maioria antigos oficiais do exército, foram transportados para o lazareto[65], onde ficaram instalados num edifício rodeado de arame farpado e submetido a uma contínua vigilância de sentinelas indígenas armados. Além da caracterização do local como sendo "anti-higiénica", as condições de alojamento a que estavam sujeitos os presos confinados no lazareto eram "extremamente vexatórias" da saúde e da sensibilidade moral dos prisioneiros, tendo em conta a situação de promiscuidade a que foram submetidos perante as deficiências das mais elementares razões de salubridade. Por exemplo, a água para beber era descrita como sendo insalubre, contendo vermes em suspensão; a vala comum não tinha escoante e todos, sem distinção, a ela recorriam para satisfazer as suas indispensáveis necessidades corporais; e, a uma alimentação mal confeccionada, acrescia a rigorosa incomunicabilidade e a falta de recursos com que lutavam alguns prisioneiros para a satisfação das deficiências de vestuário, calçado e outras necessidades. No entanto, perante esta situação não faltaram posições reivindicativas a favor dos deportados, tanto nas cartas do general Sousa Dias, como também nas de Augusto Casimiro, dirigidas ao então Governador, Amadeu Gomes de Figueiredo,

---

[65] Consta da documentação que afastado da cidade [Praia] havia um lazareto com dependências para beneficiação de bagagens. Cf. Pereira & Robrigues, 1911, p. 1039. Lazareto é um espaço ou edifício destinado a isolar pessoas, bagagens e mercadorias, provenientes de países onde grassavam doenças epidémicas e contagiosas, como a peste a cólera, a febre--amarela, por um determinado período de tempo, geralmente uma quarentena, como medida de controlo sanitário. Portanto, por se tratar de deportados políticos, entenda-se aqui lazareto no sentido lato, como espaço ou estabelecimento cuja importância cumpria a sua funcionalidade prática de isolar pessoas.

exigindo o mais rudimentar sentido de dignidade e de justiça, através do melhoramento de algumas condições[66].

Da permanência temporária na cidade da Praia, os desterrados políticos encerrados no lazareto foram transportados para a ilha de São Nicolau, cujo destino completaria o longo caminho trilhado por estes condenados em direcção ao espaço de ensaio da nova prisão. Sob guarda de uma força indígena, os deportados foram transferidos, em princípios de Junho do mesmo ano (1931), para a ilha de São Nicolau e, imediatamente, internados no edifício do antigo Seminário-Liceu, cuja fundação data da segunda metade do século XIX. Este espaço, situado na vila da Ribeira Brava (São Nicolau), que outrora desempenhou o papel de importante centro de produção intelectual tanto da ilha como também do próprio arquipélago, tinha sido convertido numa espécie de depósito de deportados políticos. A reclusão de deportados na ilha de São Nicolau parecia constituir uma necessidade premente, a ponto de ter sido decretado o encerramento até ao final daquele ano lectivo do Instituto Cabo-verdiano de Instrução que funcionava no edifício do Seminário-Liceu. Assim, de forma peremptória, as autoridades coloniais consideraram ser "urgente a utilização do antigo edifício do Seminário-Liceu de Cabo Verde, na Ilha de S. Nicolau, para nele serem desde já alojados os presos políticos enviados para esta colónia"[67]. A apropriação da extensão e do edifício do Seminário para o internamento dos deportados ficou caracterizada por: *a)* divisão dos presos em diferentes grupos e internados de acordo com as respectivas categorias; *b)* definição de um conjunto de preceitos que davam corpo ao sistema disciplinar e orientava quotidianamente a vida dos deportados internados naquele "campo": normas e preceitos que, aos olhos dos deportados, não passavam de uma espécie de regulamento de um verdadeiro "campo" de internamento de presos políticos. Com base nestas duas medidas de força podemos considerar

---

[66] Cf. Espólio Augusto Casimiro, *Exposições dirigidas ao Governador de Cabo Verde*, ESP. D5, Biblioteca Nacional (BN), Lisboa; ou ainda, "Protestos do general Sousa Dias, em nome dos deportados políticos, ao governador de Cabo Verde", Cidade da Praia, Lazareto, 18 de Maio de 1931; "Cartas do general Sousa Dias a seu filho Adalberto de Sousa Dias", Santo Antão, Ponta do Sol, 21-VIII-931, in Marques (Org.), 1975, p. 123 e pp. 139-149, respectivamente.

[67] *Boletim Oficial da Colónia de Cabo Verde*, n.º 24, 13 de Junho de 1931.

que estavam lançadas as bases da política repressiva que sustentavam, tanto as relações de poder entre os presos e a direcção de comando prisional, como também o quotidiano de isolamento e restrições que faziam parte desta mesma panóplia repressiva a que todos os deportados estavam sujeitos.

## Entre *a alvorada* e *o silêncio*: *a situação dos deportados políticos em S. Nicolau*

O percurso da deportação culminou com o encerramento dos presos políticos no espaço do Seminário-Liceu. Ali, a vida decorria sob o signo de um sistema de clausura definido de acordo com severas regras de disciplina, previamente instruídas pela direcção do comando prisional. A direcção de comando dos presos no "campo" de São Nicolau era assegurada por um tal André Dias da Silva, cujo papel de autoridade máxima era exercido como uma espécie de comandante do "campo". Por sua vez, segundo os dados narrados por um dos presos, a guarda dos deportados era assegurada por uma força indígena vinda de Angola e por um destacamento de Lisboa, constituído por cerca de quarenta guardas-civis, com dois sub-chefes e um chefe[68]. Tal como já referimos anteriormente, o internamento dos deportados começa com a apropriação do espaço e com a divisão dos presos em diferentes agrupamentos. Tratando-se na sua maioria de antigos oficiais do exército, a separação dos mesmos em diferentes categorias prendia-se com a própria lógica de hierarquização: os presos considerados de primeira categoria, constituídos por oficiais e civis de posição superior, foram alojados no primeiro andar das instalações do antigo Seminário-Liceu; por sua vez, os sargentos e civis de segunda e terceira categoria foram agrupados nas dependências do andar térreo do mesmo edifício[69]. O cerco, a clausura, o isolamento e a incomunicabilidade com o exterior caracterizavam o dia-a-dia

---

[68] "Cartas do general Sousa Dias a seu filho Adalberto de Sousa Dias", in Marques (Org.), 1975, p. 141.

[69] "Circulares oposicionistas sobre as deportações" e "Cartas do General Sousa Dias a seu filho Adalberto de Sousa Dias", in Marques (Org.), 1975, pp. 137 e 141.

dos deportados internados, ficando assim a margem de manobra de circulação (durante o dia) circunscrita a uma pequena cerca adjacente ao edifício onde se encontravam instalados. Limitados por uma área circunscrita, isto é, por uma cerca previamente definida, aos presos estava absolutamente vedada a passagem pela zona cercada, principalmente depois do toque de silêncio, cuja prática fazia parte das últimas instruções da ordem repressiva que, diária e rotineiramente, eram executadas no estabelecimento do Seminário de S. Nicolau, convertido em "campo" de internamento de deportados políticos.

Todo o sistema de recolhimento dos presos no casarão do antigo Seminário-Liceu era, subsequentemente, conduzido de acordo com as instruções enunciadas pelo gabinete do governo da colónia e, imediatamente, afixadas no refeitório do referido estabelecimento; essas instruções versavam pontos de ordem como a disciplina, a saúde, a higiene, a iluminação, o material. A disciplina foi definida como sendo severa e, nos termos das instruções do Governo Central, nenhuma profanação dos preceitos que lhe davam corpo seria permitida sem uma severa repressão. Definiu-se também o sistema e as modalidades de visitas médicas, que seriam anunciadas mediante o toque do corneteiro de serviço, como também ficou prevista a criação de uma brigada sanitária encarregada de visitar alguns dos compartimentos do edifício (cozinha, retretes, casas de banho) diariamente utilizados pelos deportados. À referida brigada, que poderia ser chefiada por um enfermeiro, cabia ainda percorrer toda a cerca da instalação, de modo a conservar a necessária higiene e mandando, quando necessário, incinerar os detritos ou resíduos. Em relação à iluminação foram impostas algumas restrições como a sua concessão aos presos, interrompida após o toque final do silêncio, ficando disponíveis apenas as luzes exteriores, julgadas necessárias para garantir a vigilância. O material e os edifícios anexos, onde os presos se encontravam internados, estavam também salvaguardados através da prévia ameaça de adopção de medidas repressivas severas contra quem, propositadamente, os deteriorasse ou os inutilizasse. As solicitações e requisições dos presos tinham que ser feitas por intermédio de um sargento, embora o atendimento dos respectivos pedidos não estivesse isento da morosidade que caracterizava o despacho dos mesmos. A força do cerco e da máxima vigilância imposta através de severas medidas de policiamento constituíam medidas fortes que contribuíam para o sentido de isolamento a que os deportados estavam sujeitos: ficou magistralmente determinado que, depois do toque do silêncio e até à alvorada, nenhum preso político podia transitar pela cerca, nem sair do edifício onde estava alojado, a não ser para fazer uso das retretes cujas instalações confinavam com o edifício principal.

A vida dos presos internados estava cíclica e diariamente cronometrada, no sentido em que tudo decorria sob as instruções de um rigoroso horário definido do seguinte modo: alvorada (6 horas); serviço (às 6 ½ horas); a primeira refeição (das 7 às 8 horas); revista de saúde (às 9 horas); segunda refeição (das 11 às 13 horas); terceira refeição (das 18 às 20 horas); alto serviço (às 20 ½ horas); conferência de presos (às 21 horas); recolher (às 21 horas); silêncio (às 21 ½ horas)[70]. Se o deslumbramento de cada alvorada marcava o início do eterno retorno no cumprimento obrigatório das instruções disciplinares reguladoras do quotidiano dos deportados internados, não é menos verdade que a hora do silêncio (mais do que o fim do dia) representava também o momento culminante do isolamento e da total inoperância dos presos. Como já explicitamos, tudo ficava completamente vedado e restringido, desde o recolher absoluto dos presos, até os limites de mobilidade estipulados para a satisfação das necessidades básicas. Nos termos das observações e instruções determinadas pelo governo colonial, qualquer tentativa de transgressão (desacato, resistência ou tentativas de evasão) desses limites de isolamento por parte dos deportados, após o toque do silêncio, poderia ser reprimida pelas patrulhas e sentinelas, com base no emprego de armas. Para além da imposição do isolamento, podemos salientar ainda a força da incomunicabilidade que estava também patente na instruída obrigatoriedade de manter os presos sempre fechados, ficando a passagem (entrada e saída) pelo edifício de internamento, exclusivamente autorizada ao pessoal graduado e serventuário. Contudo, este deveria ser sempre submetido a uma revista, passada pelo porteiro, como forma de eliminar as possibilidades de uma

______________

[70] "Regulamento do Campo de Concentração de S. Nicolau (Cabo Verde), Cópia das Instruções afixadas no refeitório", in Marques (Org.), 1975, pp. 124-127.

eventual comunicabilidade dos presos com o exterior, isto é, evitar as possibilidades do pessoal serventuário ser portador de qualquer elemento (ex: objectos, bebidas, etc.) de ligação dos deportados presos com o mundo exterior ao "campo" de internamento. Entretanto, quando a incomunicabilidade com o exterior podia ser potencialmente rompida, através das correspondências dirigidas aos familiares, a direcção de comando de internamento dos deportados impunha fortes restrições em relação à natureza dos conteúdos e aos aspectos formais que deveriam enformar essas mesmas correspondências. Por exemplo, de acordo com as regras que, advertidamente, norteavam a imposição da força de censura, toda a correspondência dos deportados políticos que não fosse entregue aberta, que não estivesse franquiada e que não tratasse de assuntos estritamente familiares ficava retida pela censura do comando da direcção do acampamento. Limitava-se também a entrada de informações e filtrava-se a introdução de periódicos, ficando apenas permitida e autorizada a circulação de jornais de cariz mais reaccionário.

Para além dos aspectos acima referidos, podemos ainda acrescentar que, nos escritos das queixas dos deportados, são frequentes as críticas relacionadas com a alimentação e com a assistência médica. Segundo os registos do general Sousa Dias, a alimentação era sempre a mesma, por vezes diminuta, mal confeccionada e, frequentemente, preparada com géneros deteriorados; a esta falta de variedade e de qualidade acrescia ainda a falta de condições higiénicas. Por sua vez, as visitas médicas só estavam determinadas a uma certa hora do dia e as solicitações dos medicamentos nem sempre eram satisfeitas. Portanto, com base nos apontamentos legados por um dos presos, podemos afirmar que a situação dos deportados internados na ilha de São Nicolau ficou marcada por "vexames de toda a ordem; suportando as violentas medidas repressivas de draconianas instruções...; mantendo-se uma rigorosa e irritante censura à nossa correspondência, – a maior das vilanias cometidas; chegando, por demais, a infâmia cometida pela violação da vida doméstica, ao ponto de – após a leitura da nossa correspondência, – divulgá-la, publicamente, com comentários galhofeiros e vergonhosos"[71].

---

[71] "Cartas do general Sousa Dias a seu filho Adalberto de Sousa Dias", in Marques (Org.), 1975, pp. 141-142 e p. 147.

A apropriação do Seminário de São Nicolau para o imediato encerramento dos deportados e a definição das instruções disciplinares que norteavam as relações de poder e de subalternidade dos presos internados face à direcção de comando do "campo" de internamento representava uma espécie de momento inicial em relação àquilo que poderia vir a ser a antevisão do primeiro campo para deportados políticos no arquipélago de Cabo Verde. Enquanto os deportados estavam internados no espaço do Seminário-Liceu, preparavam-se os trabalhos de fundação da primeira prisão especial para presos políticos situada na localidade de Tarrafal de São Nicolau. Este foi o sítio escolhido para a instalação e organização de um verdadeiro campo de concentração para presos políticos deportados em 1931. Tarrafal é uma povoação costeira próxima do mar e situada na parte sudoeste da ilha de São Nicolau. Uma das descrições da época narra e caracterizava o espaço e o ambiente humano e natural do local nos seguintes termos:

"O local escolhido é simplesmente pavoroso! Tarrafal – misérrima povoação de pescadores, fica situado, próxima e ao lado d'uma apertada ravina de ásperos e escalvados flancos, – flancos elevados e de abruptos declives, que se alargam um pouco, próximo ao mar, e onde se está estabelecendo o aludido campo de concentração. 3 raquíticas árvores é a única vegetação que ai se encontra. O sol, batendo todo o dia, neste pedregulhoso e árido terreno, sem que possível furtar-se à aderência dos seus raios, converterá, certamente, a existência dos desterrados que para ali forem mandados numa torturante vida de desfalecimento físico e moral! ...Mas há mais: ao lado desse campo, onde já estão levantadas 4 casas desmontáveis, adquiridas no estrangeiro fica [...] a misérrima povoação do Tarrafal [...]. Pois, lá estão em volta das casas desmontáveis, os postes para ser pregado o arame farpado, da vedação do estreito campo de prisão! A imperfeita descrição [...], fica muito aquém da realidade deste projectado «inferno» digno da Divina Comédia dantesca!..."[72].

---

[72] *Ibidem*, pp. 148-149.

No local escolhido para o estabelecimento do campo foram armadas umas casas desmontáveis que, posteriormente, foram transferidas para o Tarrafal de Santiago no início da fundação da colónia penal instalada, em 1936, nesta mesma ilha. Aquando da transferência do general Sousa Dias, enquanto deportado político, da ilha de S. Nicolau, onde se encontrava preso, para a ilha de Santo Antão, ele registou o desembarque do chefe responsável pela direcção de comando dos presos internados no Seminário, acompanhado por um tenente e pelo médico, os quais iam observar o estado de andamento das obras do campo a ser fundado na localidade do Tarrafal de S. Nicolau. Aliás, a interpretação desta viagem de transferência do deportado Sousa Dias de S. Nicolau para a ilha de Santo Antão, e a referência ao local de Tarrafal, deve ter induzido alguns quanto ao equívoco da localização do sítio onde decorriam as obras de fundação deste primeiro campo de concentração no arquipélago de Cabo Verde. Por exemplo, esta asserção pode ser confirmada através do seguinte excerto que ora passamos a citar: "na viagem para a ilha de Santo Antão fundeou o rebocador onde seguia próximo da ilha de S. Tiago, onde estava em construção aquele que viria ser o mais terrivelmente celebrizado Campo de Concentração de Presos Políticos, conhecido por Tarrafal"[73]. Em relação a este excerto podemos, em primeiro lugar, salientar o facto da referência ao nome Tarrafal ter induzido à ideia de que o rebocador tinha passado próximo da ilha de Santiago; em segundo lugar, atendendo à distância e à disposição geográfica das ilhas, parece pouco provável que uma viagem de S. Nicolau para Santo Antão fosse percorrida com uma escala pela ilha de Santiago, tendo em conta a excentricidade que marca a distância entre as duas ilhas (Santo Antão e Santiago); em terceiro lugar, não podemos negligenciar a dimensão cronológica do facto relacionado com o excerto transcrito, tendo em conta que tudo decorre em 1931, enquanto as obras da prisão do Tarrafal, na ilha de Santiago, só se iniciariam a partir de 1936, depois da realização dos trabalhos e dos estudos das condições de reconhecimento do espaço para a sua instalação entre os anos de 1934 e 1935.

---

[73] Valente, 2006, p. 71. Pensamos que o equívoco do excerto que parafraseamos advém do facto do autor ter confundido o Tarrafal da ilha de São Nicolau com o Tarrafal de Santiago.

Importa ainda frisar que, tanto na ilha de S. Nicolau, como na ilha de Santiago existe uma povoação com o nome de Tarrafal e, em ambas as ilhas, foram escolhidos (por simples coincidência ou mero acaso) locais com o mesmo nome: tanto o Tarrafal de S. Nicolau como o Tarrafal de Santiago foram escolhidos como espaços e destinos para a fundação de uma prisão especial destinada ao encerramento dos presos políticos deportados. Em jeito de remate, não podemos deixar de sublinhar que a escolha dos dois espaços (com o mesmo nome) nas ilhas de S. Nicolau e Santiago ficou mediada por dois momentos diferentes (1931 e 1936).

Uma outra referência digna de nota neste ponto do nosso trabalho prende-se com a problemática da presença de deportados tanto na ilha de São Nicolau, como também nas diferentes ilhas do arquipélago de Cabo Verde. Alguns registos dão-nos conta que, para além de civis (antigos ministros, deputados, médicos, funcionários de toda a ordem, etc.), o contingente de deportados contava com uma presença significativa de antigos oficiais de diversos postos que, anteriormente, tinham ostentado diferentes títulos e distinções militares como generais, contra-almirantes, coronéis, tenentes-coronéis, majores, capitães, tenentes e alferes. Por exemplo, em relação à ilha de S. Nicolau, podemos assegurar que, segundo os registos do general Sousa Dias, chegaram a estar internados no Seminário-Liceu cerca de mais de uma centena e meia de deportados (170 presos políticos), muito embora tenhamos que reconhecer que esta cifra não representava a totalidade do cômputo geral do número de deportados que se encontravam disseminados pelas várias ilhas do arquipélago: consta que, em 1931, totalizava-se um número de cerca de mais de três centenas (334) de deportados de toda a ordem em Cabo Verde[74].

A presença de deportados políticos na quase maioria das ilhas do arquipélago, principalmente nos anos de 1931 e 1932, constitui uma realidade indiscutível e irrefutável, tendo em conta a existência e a organização de vários núcleos formados nas ilhas de S. Nicolau, Santo Antão, Fogo, Boa Vista, São Vicente, Brava, Sal, etc. Esses núcleos de deportados representavam uma espécie de força resistente que tentava dar sentido e unidade a todos

---

[74] Marques (Org.), 1975, p. 171; Marques (Dir.), 1973, p. 132.

os adversários da Ditadura que se encontravam nas malhas dos destinos do exílio e da deportação, tendo em conta o "silêncio" havido para com eles, a "falta de consideração" pessoal e de respeito pela situação em que se encontravam e o "abandono" moral e material a que tinham sido votados[75]. Convém salientar que, para além dos deportados de S. Nicolau que tinham sido submetidos ao internamento em 1931, os demais encontravam-se nas outras ilhas sob o regime de residência fixa. A trama da deportação era caracterizada também pela arbitrária transferência dos deportados políticos de uma ilha para outra, tanto no arquipélago de Cabo Verde (tal como aconteceu por exemplo com o general Sousa Dias, que conheceu várias transferências desde a ilha de S. Nicolau passando para Santo Antão e, posteriormente, para São Vicente), como também das ilhas de Cabo Verde, para São Tomé, ou Timor, tudo numa espécie de trânsito ou périplo forçado para os diferentes destinos insulares. Contudo, apesar das adversas condições materiais e imateriais impostas aos deportados, não podemos deixar de sublinhar que a vida no desterro era sempre marcada pela necessidade de acreditar no ideal pelo qual se lutou. Por isso, era a perspectiva de resistência e da vitória que alimentava a força de suportar o desterro.

A existência dos núcleos de deportados nas diferentes ilhas, dava também algum sentido publicitário às reivindicações das condições em que se encontravam desterrados nas várias ilhas, como também tentava revelar alguma força na continuidade da luta daqueles que outrora tinham ostentado importantes títulos militares e políticos e que então tinham sido relegados para uma suposta condição de morte cívica e política. Assim, graças à importância dos factos relacionados com os deportados em Cabo Verde, consta-se que a questão dos exilados internados na ilha de S. Nicolau ganhou algum reflexo na imprensa luso-americana, ficando explícita a possibilidade de criação e de organização de uma comissão investigadora (em Nova Iorque e Boston, constituída por americanos e portugueses) que tomaria a seu

---

[75] "Mensagens dos deportados políticos de Cabo Verde a todos os demais adversários da ditadura", in Marques (Org.), 1975, pp. 159-170; Cf. ainda, pp. 223-229.

cargo a missão da defesa e libertação dos prisioneiros[76]. Este facto é bem elucidativo da acuidade dos factos e dos contornos que o problema dos exilados políticos presos ganhava, possivelmente, face à significativa força de influência que poderiam exercer na opinião pública oposicionista, tendo em conta a posição social e as categorias profissionais que alguns deles tinham desempenhado anteriormente, antes do seu derradeiro banimento em direcção ao desterro.

Em jeito de conclusão, podemos assegurar que, para os deportados, a ideia de um campo de concentração para presos políticos na ilha de São Nicolau ficou associada, primeiramente, à apropriação do espaço do Seminário-Liceu para o internamento dos presos desterrados em 1931. Em segundo lugar, não podemos deixar de referir que, mais do que a conversão do espaço do Seminário num depósito de reclusão de presos políticos, a designação de campo de concentração de S. Nicolau ficou a dever-se, principalmente, à enunciação, fixação e imposição dos tirânicos preceitos que quotidianamente ditavam e celebravam a subalternidade dos presos: tal como ficou registado nos princípios disciplinares, estas normas regiam, sem excepção, a actuação de todos os presos desde o toque da alvorada até ao silêncio imposto pelo recolher obrigatório. Por isso, não podemos deixar de salientar que, mais do que o espaço material, são as normas e a aplicação dos seus conteúdos que determinam a natureza daquilo que poderá ser denominado de campo de concentração. Ou seja, tudo indica que, para os presos deportados que estiveram internados desde 1931 nas dependências do Seminário, a noção campo de concentração de São Nicolau foi forjada, inicialmente, mais por referência à severidade da imposição das instruções de isolamento, de repressão, de incomunicabilidade, das condições de acomodação, da força da vigilância, das carências, da censura, das restrições... etc, a que estavam sujeitos, do que propriamente da concepção do espaço em si (Seminário), cujo formato não corresponde ao modelo de um verdadeiro campo de concentração. Por isso devemos, em primeiro lugar, ater-nos na associação entre a forma como os deportados conceberam todo o sistema

---

[76] "Reflexo das deportações na imprensa luso-americana", in Marques (Org.), 1975, pp. 154-155.

do internamento, como também no rigor da imposição das instruções disciplinares; em segundo lugar, não podemos perder de vista que, em termos reais, estavam em curso os trabalhos de organização de um verdadeiro campo de concentração na ilha de S. Nicolau, mais concretamente, numa localidade denominada Tarrafal. Por isso, a apropriação do Seminário-Liceu para o "cerco" dos deportados pode ser considerada tanto como o início da aplicação metódica de uma política repressiva, como também um presságio daquilo que poderia vir a ser o futuro amordaçado de reclusão dos presos, caso os trabalhos da fundação da obra no Tarrafal de São Nicolau se viessem a concretizar como um verdadeiro antro de encerramento sistemático de presos. Outrossim, se se fala dos inícios das acções para a construção de um campo de concentração no Tarrafal da ilha de S. Nicolau em 1931, tudo indica porém que os trabalhos para a sua concretização ficaram pelas obras de fundação e pelas tentativas de organização de umas casas desmontáveis que seriam destinadas a armar o referido campo. A corroborar este facto está o processo de apropriação de alguns dos materiais (sobretudo as casas desmontáveis) que foram posteriormente transferidas para as obras de fundação da colónia penal do Tarrafal, na ilha de Santiago, em 1936. Uma das hipóteses prováveis para a não continuação das obras do campo e da transferência das casas desmontáveis de S. Nicolau para Santiago prendia-se, talvez, com a parcial amnistia de Dezembro de 1932 que autorizava (e ao mesmo tempo proibia) o regresso ao país de alguns exilados e deportados[77].

Portanto, se o ano de 1931 constituiu numa espécie de momento de encenação e preparação do primeiro campo para presos políticos no arquipélago de Cabo Verde, então, a verdadeira concretização deste desiderato teve que aguardar por momentos políticos subsequentes da mesma década (1936): o que a Ditadura Militar ensaiou, em 1931, no Tarrafal de S. Nicolau, seria finalmente materializado de forma metódica pelo Estado Novo, em 1936, no Tarrafal da ilha de Santiago, após os estudos de reconhecimento realizados nas diferentes ilhas de Cabo Verde

---

[77] Cf. Decreto n.º 21:943, de 5 de Dezembro de 1932. A relação dos deportados com a população das ilhas, as suas influências e a suas representações na memória das populações locais constituem assuntos que carecem de uma investigação profunda e apurada.

## *A definição do roteiro para a instalação de uma prisão: a ilha de Boa Vista*

A passagem para diferentes ilhas do arquipélago de Cabo Verde atesta firmemente a validade da nossa problemática teórica de partida e da ideia fundamental das ilhas enquanto espaços e destinos de deportação e de prisão no Estado Novo. No roteiro da procura e da definição dos destinos insulares para a instituição de prisões especiais para presos políticos estava também a ilha de Boa Vista, no arquipélago de Cabo Verde. A referência à Boa Vista corrobora a ideia fundamental de que o estabelecimento de prisões especiais, previsto pelo Estado Novo, carecia da necessidade de um reconhecimento prévio da natureza das condições materiais para a sua instalação: tal como foi determinado, a pena de desterro tinha de ser cumprida em estabelecimentos especiais ou prisões especiais numa ilha do ultramar. Se à partida o destino é referido de forma abstracta – *numa ilha do ultramar* – então os anos que mediaram entre 1934 a 1936 foram determinantes na procura de um destino preciso, concreto e localizado, através do processo de estudo e de reconhecimento do espaço considerado adequado para a fundação do referido estabelecimento prisional para presos políticos. Fica assim cada vez mais evidente que a importância da escolha de uma ilha advinha, seguramente, da necessidade de um especial isolamento e, por conseguinte, da reduzida possibilidade de evasão dos condenados.

Para o real conhecimento e determinação do local para a instituição de estabelecimentos prisionais especiais numa ilha, o regime preparou, em 1934, uma comissão especial de trabalho cuja missão principal se centrava na deslocação à ilha da Boa Vista, para a recolha dos elementos considerados necessários à instalação de um projecto de presídio. Para a constituição da comissão de estudo foi solicitada, pelo Ministério do Interior ao Ministério da Guerra, a necessária autorização para que o Engenheiro Luiz Victoria de França e Sousa e o major de infantaria, segundo Comandante do Batalhão de Caçadores, Eugénio Ribeiro d'Almeida, se deslocassem à ilha da Boa Vista num prazo não superior a noventa dias, para exercer em Cabo Verde a referida comissão de serviço. Os encargos dos dois responsáveis, contratados para a referida missão, ficavam por conta do

Ministério do Interior, sob condições de atribuição de alguns honorários, como um vencimento mensal fixo, as ajudas de custos, o abono dos custos das passagens de ida e volta para Cabo Verde[78]. Tal como já referimos, a diligência da comissão de serviço para a ilha da Boa Vista tinha por finalidade principal recolher elementos julgados necessários para o cumprimento do preceituado no Decreto n.º 24:112, de 29 de Junho de 1934: a instalação de uma prisão numa ilha para presos políticos e sociais. Assim, podemos confirmar que a construção de um estabelecimento prisional especial com essa finalidade tinha que obedecer tanto ao critério da elaboração de um estudo de reconhecimento do espaço mediante a discriminação das condições que melhor corroboravam os intentos da política repressiva do regime, como também de um estudo prévio das medidas de policiamento a adoptar e, por fim, a elaboração do respectivo relatório das condições julgadas importantes para a concepção e posterior execução do projecto.

Se desde os inícios da década de 1930 se pressagiava a ideia de estabelecer uma prisão especial numa ilha do ultramar, então, a referência à ilha de Boa Vista, em 1934, constitui o primeiro destino concreto e objectivamente determinado pelo Estado Novo para a realização de um estudo que confirmasse as possibilidades de exequibilidade e de elaboração do projecto respectivo. Mesmo que a ilha da Boa Vista tenha sido o primeiro destino referido para a recolha de subsídios para a elaboração do projecto de presídio, não podemos deixar de sublinhar que o trabalho da comissão destinava-se única e exclusivamente à tarefa de averiguação dessas mesmas condições. Por esta razão, a passagem pela Boa Vista representou um passo importante no sentido da definição de um destino e de um espaço para a concretização da via do banimento, sob a forma de desterro e prisão no local de desterro. Neste caso, o arquipélago de Cabo Verde foi um dos espaços coloniais que a regulação repressiva do Estado Novo não poupou ao trabalho de autenticação das condições

---

[78] IAN/TT, MI, GM, mç 475/1, pt.2/105. *Correspondências do Ministério da Guerra ao Ministério do Interior*, 7, 8 e 29 de Agosto de 1934. Cf. IAN/TT, MI, GM, mç.475/1, pt.2/105, *Proposta da PVDE ao Ministério do Interior*, 17 de Agosto de 1934.

"favoráveis" à instituição de uma prisão especial numa das suas ilhas. Todavia, se por um lado Boa Vista constituía a principal ilha que constava do itinerário definido para a realização dos trabalhos de reconhecimento, por outro lado, outras ilhas do arquipélago de Cabo Verde – São Nicolau e Santiago – foram também percorridas pela mesma comissão, para que fosse possível a apresentação minuciosa das condições materiais existentes que justificassem as razões de preferência de uma ilha em detrimento da outra.

Chegando a este ponto, estamos em condições de assegurar que, do itinerário dirigido primeiramente para a Boa Vista e, seguidamente, da relação do trabalho de reconhecimento nas outras ilhas do arquipélago de Cabo Verde (S. Nicolau e Santiago), a comissão pronunciou-se, finalmente, pela escolha da ilha de Santiago. Assim, somos levados a concluir que, em parte, a escolha da ilha de Santiago para a instalação de uma prisão especial não foi uma deliberação prevista ou pré-equacionada a partir dos corredores ministeriais do Estado Novo, mas sim resultante de um processo de selecção, consequente da averiguação feita nas diferentes ilhas do arquipélago. Ou seja, se o modelo repressivo do Estado Novo previa a instalação de uma prisão especial para presos políticos numa ilha, a definição concreta do local esperava por uma confirmação, pela corroboração do estudo das condições que melhor traduziam as razões da escolha e da preferência por uma ilha em relação às demais. Assim, devemos ter em conta que a referência à ilha da Boa Vista como um dos pontos do itinerário da comissão de estudos é reveladora da importância que as ilhas daquele arquipélago ganharam enquanto espaços e destinos considerados apropriados para desterro e prisão no local de desterro. Por outro lado, para além da menção às ilhas da Boa Vista e de S. Nicolau no itinerário da comissão, a escolha final da ilha de Santiago e a fundação, em 1936, da colónia penal do Tarrafal, representa uma espécie de consumação daquilo que, em 1931, ficou também encenado no Tarrafal de S. Nicolau. É neste contexto que devemos situar e tentar perceber a lógica da escolha da ilha de Santiago e, por conseguinte, da definição do espaço para a localização da primeira colónia penal instituída pelo regime salazarista, em 1936, no arquipélago de Cabo Verde.

Fig. 1. Fotografia de alguns deportados que estiveram em Cabo Verde, de entre eles o General Sousa Dias (o segundo sentado a contar da esquerda para a direita). Fotografia cedida por José J. Cabral.


## A Ilha de Santiago e a escolha de Tarrafal

A instalação de uma colónia penal no Tarrafal da ilha de Santiago representou uma das fortes medidas de endurecimento do regime na produção dos aparelhos repressivos de enquadramento e depuração política e ideológica da sociedade, tendo em conta a perspectiva regeneradora que se pretendia imprimir com a nova ordem de obediência política com vista à criação do homem novo do regime. Esta nova ordem de obediência política e ideológica assentava (em parte) tanto numa "moralidade autopunitiva" como também numa "repressão intensa e vigilante"[79]. Daí, insistimos na ideia de que a colónia penal numa ilha aparece como uma via para efectivar a separação

---

[79] "Moralidade autopunitiva" e "Repressão intensa e vigilante" – Designações que colhemos na obra de Ribeiro, 2004, p. 122.

temporária ou definitiva dos considerados criminosos políticos do agregado social e político a que pertenciam.

Na verdade, para além da continuidade da tradição da deportação para as ilhas de Cabo Verde, a ideia de uma colónia penal na ilha de Santiago deverá ser entendida, primeiramente, como um novo momento que caracteriza uma nova fase da deportação dos condenados políticos para as ilhas daquele arquipélago. Se paralelamente à definição dos crimes de natureza política, à sistematização das formas da sua punição e à reestruturação dos serviços prisionais encontramos presente a referência à ilha (num primeiro momento de forma abstracta e vaga) como espaço previsto para a instalação de um estabelecimento destinado aos desterrados políticos, contudo, só no ano de 1936 é que a referência objectiva a um destino de natureza insular ganha uma designação real – ilha de Santiago – e uma localização concreta – Tarrafal. Os anos que medeiam entre a previsão de uma colónia penal em 1933 e a sua fundação oficial em 1936 ficaram marcados pela realização de estudos necessários à sua possível adaptação, instalação e fixação num dos pontos do arquipélago de Cabo Verde. Os estudos de reconhecimento incidiam sobre as condições (naturais/geográficas e humanas) que algumas das ilhas do arquipélago de Cabo Verde podiam oferecer para a instituição de uma prisão especial, mediante uma combinação entre os elementos recolhidos durante o estudo de reconhecimento do espaço e as condições que melhor corroboravam a concretização dos objectivos pretendidos. Sendo assim, ficou objectivamente explícito que, "com o fim de colher elementos para esse estudo, fez a missão diversos reconhecimentos nas ilhas de Boa Vista, S. Nicolau e S. Tiago e concluiu pela preferência do local de «Chão Bom» no «Tarrafal», desta última ilha"[80]. Publicamente, ficou também manifesto no preâmbulo do Decreto-lei n.º 26:539, de 23 de Abril de 1936 que, depois de um reconhecimento cuidadosamente feito por técnicos a diferentes ilhas do Arquipélago de Cabo Verde, chegou-se à conclusão de que o lugar de Tarrafal, da Ilha de Santiago, reunia as condições necessárias à instalação desta colónia. Assim, foi criada "uma colónia penal para presos políticos e

---

[80] IAN/TT, AOS/CO/UL – 10, pt.16.

sociais no Tarrafal, da Ilha de Santiago, no Arquipélago de Cabo Verde"[81], destinada a: presos por crimes políticos que deviam cumprir a pena de desterro, presos internados em outro estabelecimento prisional mas que se revelavam refractários à disciplina do estabelecimento e perniciosos para outros reclusos, os condenados a penas maiores por crimes praticados com fins políticos e, por fim, os detidos preventivamente que o Governo decidisse deter ou fazer julgar fora da metrópole.

Nos termos do parecer do professor José Beleza dos Santos[82], a instalação da colónia penal do Tarrafal teria o intuito de receber os degredados que deixariam de ser expatriados para Angola, aliviando assim as cadeias da metrópole que se encontravam cheias de condenados a pena maior, vadios e cadastrados entregues ao Governo. Previa-se também que a colónia servisse para a deportação de presos políticos. O parecer do referido professor não é alheio ao conhecimento dos modelos de sistema penitenciários europeus, sobretudo da Alemanha, onde ele esteve oficialmente na realização de uma visita, em 1935, para recolher elementos de estudo para a reforma prisional e para a construção ou modificação dos edifícios destinados a efectivá-la[83].

A problemática da deportação carrega sempre duas componentes inerentes à sua própria natureza, concepção e concretização: primeiro, a determinação do lugar onde a deportação deve ser cumprida; segundo, a elaboração de um regime disciplinar que permita encaminhar a execução da pena para as finalidades propostas[84]. É no quadro da determinação do local de cumprimento da deportação que devemos contextualizar a escolha de Tarrafal para a instalação da colónia penal em 1936, uma vez que, segundo a retórica oficial do regime, o Tarrafal reunia as "condições necessárias" à instalação da referida colónia penal[85]. Não podemos, no entanto, deixar de referir que a tão subli-nhada noção de *condições necessárias* deve ser relativizada e contextualizada

---

[81] Decreto-lei n.º 26:539, de 23 de Abril de 1936.

[82] IAN/TT, AOS/CO/UL – 10, pt.16, *Parecer do Professor José Beleza dos Santos sobre a instalação da Colónia Penal do Tarrafal.*

[83] Santos, 1935.

[84] Cf. Moreira, 1954, p. 40.

[85] Decreto-lei n.º 26:539, de 23 de Abril de 1936.

no âmbito de uma prática discursiva e de uma retórica oficial produzida pelo próprio regime. Ou seja, um tipo de discurso aparentemente bem enunciado mas fortemente marcado pela produção de margens de silêncios, de estratégias e efeitos de poder, característico daquilo que já foi definido por retórica da invisibilidade[86]. Neste sentido, a noção de *condições necessárias* para o estabelecimento de uma prisão especial numa ilha não é pensada por referência à perspectiva das condições valorativas dos efeitos positivos do internamento dos presos, mas sim por referência à materialização dos objectivos repressivos do Estado Novo, tanto na imposição real e simbólica de uma força correctiva, como também na submissão do desterrado a uma realidade prisional passível de tornar a existência numa árdua tarefa para o condenado.

É fundamental não perder de vista a pretensão repressiva veiculada pelo Estado Novo na escolha do sítio para a instalação de uma colónia penal. Tudo isto porque, no imaginário metropolitano, uma das representações possíveis do ultramar como terra do degredo estava implicitamente associada à ideia da "circunstância de, sobretudo nas colónias tropicais, ser inevitável uma enorme mortandade durante os trabalhos de adaptação"[87]. Daí que, para além da força prática da deportação na acção depuradora de desembaraçar a sociedade de indivíduos considerados política e ideologicamente indesejáveis, esperava-se, por outro lado, que ela funcionasse também como força intimidativa, devido à ideia de que o clima do ultramar e as condições de vida prisional actuavam como espectro sobre aqueles que poderiam ultrapassar os limites da vida considerada politicamente lícita.

Deste modo, pensamos que a força da razão de escolha do ultramar residia na sua pesada carga intimidativa e na ideia de uma suposta prevenção geral, tendo em atenção o carácter particularmente penoso que se atribuía ao afastamento da pátria e ao trabalho obrigatório nos climas tropicais em que normalmente eram instaladas as colónias penais[88]. Neste caso particular, a escolha do Tarrafal corrobora esta asserção incorporando também outros critérios como: as condições de vigilância, de isolamento e de comunicação.

---

[86] Cf. Gil, 1995.

[87] Moreira, 1954, p. 45.

[88] *Ibidem*, p. 39.

Isto é, a facilidade das condições de vigilância das autoridades e do corpo destacado para a guarda dos presos na colónia penal, o isolamento e as dificuldades de comunicação resultantes da condição de excentricidade do Tarrafal. Embora reconhecendo o peso da distância e o das condições de comunicação, não podemos deixar de contestar a posição aventada, segundo a qual os motivos fortes que levaram à escolha do Tarrafal para a instalação da prisão estão associados com "a sua localização numa zona plana de fácil circulação, perto do mar, com boas e belas baías; e por último, ao clima, um dos raros em Cabo Verde que podia permitir um bom ambiente aos funcionários de Salazar"[89]. A escolha do Tarrafal como destino para a instalação da colónia penal, não estava associada à preocupação de dar um bom ambiente aos funcionários de Salazar porque a problemática da determinação dos destinos de deportação era dirigida, nos termos dos fundamentos da condenação, para o contexto da punição e do cumprimento da pena dos presos deportados e não em função dos funcionários. Distanciamos da posição acima citada, principalmente, quando tomamos em consideração as diferentes condições vivenciais em que se encontravam os presos e os funcionários; a lógica hierárquica que determinava e legitimava a condição de subalternidade dos presos em relação aos funcionários prisionais; as diferentes prerrogativas que configuravam as relações de ambos na apropriação dos espaços destinados aos mesmos. Consideramos que, mais do que "permitir um bom ambiente para os funcionários de Salazar", estava em causa, sobretudo, a dramática condenação à deportação dos presos para destinos onde a existência se converteria num fardo cada vez mais difícil de suportar, até porque o espectro intimidativo do clima do ultramar fazia parte da lógica condenatória e da decisão de escolha do local de condenação. Não podemos também esquecer que, no Tarrafal, os funcionários e os presos não estavam expostos, sujeitos e submetidos às mesmas condições físicas, materiais e imateriais de existência, o que acaba por invalidar tanto o fundamento da escolha do Tarrafal em função de um bom clima e permitir um bom ambiente aos funcionários de Salazar, como também, desconsidera o argumento da escolha do Tarrafal em função da possibilidade de fácil

---

[89] Tavares, 2006, pp. 92-93.

circulação, de proximidade do mar e da existência de boas e belas baías. Em síntese, a escolha dos destinos de deportação ficou determinada tanto por referência à força punitiva que se queria impor aos presos, como também aos fins que se pretendia atingir com o banimento político.

Assim, não podemos esquecer que os fundamentos e os pressupostos centrais para a problematização da escolha do Tarrafal devem ser equacionados no contexto da produção política repressiva do Estado Novo que concretiza a perspectiva de ilha como destino apropriado de deportação e de prisão no local de desterro. Por isso, entendemos que a escolha de Tarrafal para a instituição da colónia penal representava a última fase de um processo que tinha sido iniciado pelo trabalho de estudo e reconhecimento das condições realizado nas diferentes ilhas do arquipélago de Cabo Verde. Não podemos igualmente descurar que a conjugação das circunstâncias necessárias para a instalação duma colónia penal se prendia com a sua localização em especiais condições de segurança, de vigilância, e de isolamento em espaços despovoados ou de população pouco densa, tal como ficou explícito aquando da reorganização dos serviços prisionais[90]. Basicamente, o que se pretendia era que a escolha do local para a instalação de uma colónia penal respondesse às demandas das necessidades de isolamento completo da população criminal, da ocupação dos presos, e das condições de meios de defesa contra as suas insubordinações. Por isso, primava-se pela validação das condições de isolamento, garantindo que o cerco da colónia penal na ilha separasse a população prisional da população livre, evitando assim o contacto entre ambos. Tal como ficou exposto nos termos do parecer de José Beleza dos Santos, o estudo de reconhecimento das condições de isolamento era indispensável para a escolha do local da colónia, fornecendo assim elementos valiosos para esse fim. Tratando-se de um destino para delinquentes considerados "praticamente incorrigíveis", era de todo vantajoso que eles fossem isolados num ambiente pouco povoado (onde não havia perigo de contaminação da população livre) e num lugar que oferecesse poucas possibilidades de evasão pelas suas condições naturais que, por um lado, a dificultavam e, por outro, facilitavam a fiscalização e a vigilância. Em relação aos "criminosos políticos",

---

[90] Decreto-lei n.º 26:643, de 28 de Maio de 1936.

Beleza dos Santos julgava ser indicado o seu afastamento da metrópole e o seu internamento numa colónia penal no ultramar, por serem elementos capazes de praticar actos gravíssimos, sob o domínio do seu fanatismo ou exaltação política. No entanto, pensava-se que no banimento para fora do meio que excitava as suas paixões, quando convenientemente dirigidos e aproveitados, esses indivíduos se transformavam muitas vezes em elementos úteis e socialmente adaptados. No seu parecer, Beleza dos Santos era também peremptório em considerar que a instalação da colónia penal deveria ser concretizada numa ilha suficientemente isolada, onde faltasse ou rareasse a população livre e onde existissem recursos para empregar os reclusos em trabalhos produtivos. É neste sentido que ele chegou a pronunciar o seguinte:

> "Suponho que o lugar que foi indicado na ilha de S. Tiago para a instalação da Colónia oferecerá boas condições, sob estes pontos de vista. A instalação de uma Colónia em Cabo Verde destinada a delinquentes desta espécie [criminosos políticos] não está formalmente contraindicada e até a utilização de uma ilha, para tal fim, tem vantagens porque melhor se evitam as evasões"[91].

Portanto, em jeito de síntese, podemos afirmar que, tratando-se de espaços insulares para a instalação de colónias penais, a preferência incidia sobre: um local da ilha de população pouco densa; um local da ilha cuja localização oferecia limitadas margens de fuga. Então, a instalação da colónia penal devia obedecer aos critérios e às fortes condições que determinaram a sua adaptação, fixação e localização na ilha: segurança, vigilância e isolamento, tendo em conta a categoria de presos e de estabelecimento. A ideia de isolamento estava presente tanto na escolha da ilha para a instalação de uma colónia penal, como também na determinação de uma zona de isolamento em torno da própria colónia, de modo a evitar o contacto entre o mundo interno dos reclusos e o mundo exterior da população livre[92]. A

---

[91] IAN/TT, AOS/CO/UL – 10, pt.16, *Parecer do Professor José Beleza dos Santos sobre a instalação da Colónia Penal do Tarrafal.*

[92] Decreto-lei n.º 26:539, de 23 de Abril de 1936.

definição de uma zona de isolamento no local previsto para a instalação da colónia penal, nos terrenos do Chão Bom, situados no concelho do Tarrafal, comprova a necessidade de converter a colónia, num mundo à parte, isolado, um mundo dentro do mundo da ilha, de modo a efectivar a necessidade de desolação e do banimento dos presos: na verdade tratava--se da imposição da imagem do "sequestro" dos condenados para os distantes destinos da ilha de condenação. É por esta razão que a narrativa da memória dos presos aparece como um enredo de segregação e condenação política situado e circunscrito exclusivamente a uma dimensão espacial – a colónia penal – de um mundo à parte, completamente isolado.

## *Entre a concepção do ante-projecto e a fundação da colónia penal*

Embora seja possível situar, em 1933, o anúncio de uma colónia penal a ser instalada numa ilha, parece então pertinente traçar, de forma breve, o quadro político-social que condicionou a sua criação legal em 1936. A urgente necessidade na determinação legal de criação de uma colónia penal vem na linha dos argumentos relacionados, primeiro, com a problemática já conhecida da sobrelotação das prisões do continente; segundo, com o aumento das vagas de prisões, por motivos políticos, efectuadas nos anos subsequentes à instituição do regime[93]; terceiro, com o fundamento de matriz filosófico-jurídica de que os chamados delinquentes políticos mereciam um tratamento especial atendendo ao móbil que impulsionou o crime.

Porém, esta fase charneira que antecedeu a fundação da colónia penal ficou marcada por uma forte cruzada contra o comunismo e pela possível ameaça da guerra espanhola. Na Polícia de Vigilância e de Defesa do Estado tinha-se conhecimento de que a questão social manifestava acentuada tendência para agravar-se, tanto por causa da repercussão que os acontecimentos de Espanha poderiam ter em Portugal, como também pela

---

[93] Por exemplo, entre os anos de 1932 e 1935 estima-se um total de cerca de 1114 prisões efectuadas por razões políticas e, nos anos subsequentes, de 1936 a 1939, cerca de 3463. Cf. *Presos Políticos no Regime Fascista I - 1932-1935*, e *II – 1936-1939*, Comissão do Livro Negro Sobre o Regime Fascista, Mem Martins, 1981, e 1982, p. 13 e p. 15 respectivamente.

possibilidade de desenvolvimento de actividades e propagandas comunistas. Daí que, em 1935, o então director da PVDE, Agostinho Lourenço, tenha salientado que, do exercício de uma mais activa actuação da polícia resultou um maior número de detenções. Independentemente dos fundamentos acima referidos, o que parecia ser peremptório era a urgência na resolução do problema prisional na metrópole, através da determinação para acelerar o despacho da preparação da colónia penal, dado que a situação das cadeias da metrópole era descrita pelo director da PVDE nos seguintes termos: "o Aljube, cadeia privativa da Polícia, tem a sua lotação esgotada. As esquadras da Polícia de Segurança Pública têm todos os seus calabouços ocupados e já não podem receber mais presos da Polícia de Vigilância e de Defesa do Estado"[94]. Por esta razão, Agostinho Lourenço insistia em chamar a atenção ao então Ministro do Interior, Linhares de Lima, para que fosse solucionado urgentemente o caso do alojamento dos presos políticos e sociais, situação que se vinha arrastando com grave prejuízo para os serviços da Polícia e para a segurança do Estado. Subsequentemente, aquando da publicação, em 1936, da decisão legal da criação de uma colónia penal na ilha de Santiago, o espírito de urgência da sua instalação ficou traduzido na seguinte explicitação: "urge pôr em prática este projecto e dar às respectivas obras a unidade de direcção, continuidade e rapidez de execução necessárias"[95].

Por outro lado, outras posições tentam sustentar que a brevidade na preparação da colónia penal do Tarrafal estava relacionada exclusivamente com a sequência da revolta dos marinheiros da ORA (Organização Revolucionária Armada) a 8 de Setembro de 1936; ou seja, que no seguimento da repressão da sublevação dos marinheiros da ORA e "para dar continuidade às atrocidades cometidas, rapidamente se preparou o campo de concentração do Tarrafal"[96]. Aliás, esta insurreição de 8 de Setembro de 1936 foi exaustivamente tratada na imprensa oficial como um acto de "traição à

---

[94] IAN/TT, MI, GM, mç.477, NT.349, pt.12/8, *Carta do Director da PVDE dirigida ao Ministro do Interior*, 2 de Abril de 1935.

[95] Decreto-lei n.º 26:539, de 23 de Abril de 1936.

[96] Nascimento, 2001, p. 233.

pátria"[97]. Não podemos esquecer que, inerente ao decreto da criação da colónia penal, se reconhecia a pertinência da brevidade da execução do seu projecto no Tarrafal. Por isso, não podemos considerar que ela foi preparada exclusivamente na sequência da insurreição dos marinheiros da ORA, uma vez que a ideia (desde 1932), a preparação necessária à localização, os estudos de adaptação e fixação (entre 1934 e 1935), a determinação legal para a criação de uma colónia penal (em Abril de 1936) para deportados políticos antecedem cronologicamente a referida revolta dos marinheiros. Isto é, embora a ideia (de uma prisão especial numa ilha) já viesse prescrita, de forma vaga, desde 1932[98], foi em Abril de 1936 que ficou oficialmente determinada a criação de uma colónia penal, no Tarrafal, para desterrados políticos. Todavia, mesmo sem deixar de reconhecer a importância desta insurreição no endurecimento das medidas, consideramos que a escalada repressiva da sublevação de 8 de Setembro de 1936 contribuiu para acelerar o processo de materialização do projecto da colónia penal, através do envio da primeira leva de deportados em Outubro desse mesmo ano, tal como ficou determinado por uma nota oficiosa[99] produzida como instrumento de responsabilização dos acontecimentos, onde ficou manifesto que os presos seriam imediatamente transportados para uma colónia penal e oportunamente submetidos a julgamento. Neste caso, o desterro afigurava--se como uma forma de reprimir o respectivo acto de insurreição política.

Mais um elemento importante a ter em atenção, sobre a aceleração do processo de materialização da colónia penal, está no avolumar do número das prisões efectuadas, tendo em atenção as informações que nos são apresentadas, referentes ao mês de Setembro de 1936[100]. Outro argumento que ainda podemos aventar para justificar que a insurreição acelerou o processo de materialização do projecto da colónia penal prende-se com o facto dos primeiros condenados ao Tarrafal terem servido de móbil para a execução

---

[97] *Diário da Manhã*, 8, 9 de Setembro de 1936.

[98] Cf. Decreto n.º 21:942, de 5 de Dezembro de 1932.

[99] Cf. *Diário de Lisboa*, 9 de Setembro de 1936.

[100] Cf. *Presos Políticos no Regime Fascista II – 1936-1939*, Comissão do Livro Negro Sobre o Regime Fascista, Mem Martins, 1982, p. 29.

real desse projecto de prisão; isto é, se o projecto de uma colónia penal já estava previamente concebido e legalmente determinado, então, é a primeira leva de deportados que a "inaugura" sob o signo da instalação provisória em barracas de lona. Embora com isto não se pretenda dizer que uma verdadeira colónia penal só pode funcionar com as verdadeiras obras de fundação...

Portanto, do exposto, parece-nos pertinente concluir que, para além da pretensão repressiva, a escolha do Tarrafal como destino de desterro e de adaptação da prisão representava a continuidade e a actualização do cumprimento da tradição da deportação para as ilhas de Cabo Verde, mas com a força inovadora de preparação e instituição de prisão no local de desterro. As condições de uma vigilância fácil, de dificuldade de fuga, de imposição de uma disciplina rigorosa e austera, de desolação provocada pelo isolamento, de adaptação difícil às novas exigências e condições do meio... são factores importantes para contextualizarmos a determinação dos destinos e locais de deportação e de instalação de estabelecimentos de colónias penais nas remotas terras do então ultramar. Assim sendo, a instituição de uma colónia penal numa ilha cumpria o primado do isolamento dos deportados submetidos às alterações das condições do meio social, à disciplina rigorosa e, por vezes, ao castigo e trabalhos forçados em condições severas. Daí, parece sustentável considerar que a escolha da ilha seria uma modalidade de punição, em que a imponência da segregação imposta pela colónia penal ali fundada constituía um mecanismo de confrontar o deportado (condenado) com a realidade da força do poder e do poder da força que é exercido sobre ele.

### A fundação da colónia penal e o seu primeiro encerramento (1936-1956)

Assim como já demonstramos, entre as alusões feitas nos decretos dos inícios dos anos de 1930 e as previsões quanto ao local da instalação de uma colónia penal decorreram estudos necessários à sua adaptação, localização e fixação. Todavia, os estudos nas diferentes ilhas do arquipélago não ficaram somente pelo trabalho de reconhecimento e de recolha dos elementos e das condições materiais favoráveis à fundação da colónia, tendo não só resultado na escolha definitiva do local – Tarrafal – como também na elaboração do ante-projecto da colónia penal pelo engenheiro Luiz Victoria de França e

Sousa, datado de Setembro de 1935. Aproveitando os conhecimentos ali adquiridos nessa missão, e desejando apressar as obras, foi encarregado o mesmo engenheiro de elaborar o ante-projecto. Este consistia na relação discriminada, relatório e estimativa para a compreensão e avaliação do custo provável, limitando-se a um resumo justificativo e discriminativo da obra a realizar de forma a materializar a última fase da evolução da ideia que presidiu ao reconhecimento que se fez ao arquipélago de Cabo Verde[101]. Contudo, entre a determinação legal (em Abril de 1936) para a sua fundação e a chegada da primeira leva de deportados medeiam uns escassos cinco meses, prova real da urgente necessidade não só de efectivar o projecto como também de subtrair o deportado do meio que lhe determinou a conduta. Aliás, a urgente instituição da colónia está bem patente na forma como se deu a sua instalação improvisada para acolher os primeiros presos políticos para ali desterrados.

Pela força do Decreto-lei que criou a colónia penal de Cabo Verde também ficou estipulada a composição da unidade destacada para a guarda da mesma, ficando a nomeação condicionada pela proporção que as necessidades da colónia exigissem; o que se depreende da retórica oficial é que a composição desse corpo era diversificada nas suas várias componentes e nos diferentes sectores, de forma a dar um eficaz cumprimento ao serviço de guarda e de isolamento[102]. Porém, antes do início da execução das obras de fundação, a colónia inicia o seu funcionamento com a chegada, em Outubro de 1936,

---

[101]  IAN/TT, MI, GM, mç.470/1, NT.342/1, pt.9/111, *Relatório do Ante-projecto Duma Colónia Penal no Tarrafal de S. Tiago (Cabo Verde)*, 5 de Setembro de 1935.

[102]  Decreto-lei n.º 26:539, de 23 de Abril de 1936. Previa-se que o corpo do pessoal da colónia penal seria constituído por: um director, um capelão, um médico, um farmacêutico e três enfermeiros, um secretário, um ecónomo, um regente agrícola e um a três mestres de oficina, um escriturário, três empregados de expediente, três empregados de contabilidade, um chefe de guardas e setenta guardas, sendo quinze de 1.ª classe, quinze de 2.ª classe e quarenta de 3.ª classe, um cozinheiro, dois ajudantes, dois motoristas, um ajudante e quatro serventes. Também estava previsto que fazia parte do corpo do pessoal da colónia uma companhia indígena, com os respectivos oficiais europeus, à disposição do director da colónia, que poderá ser o próprio comandante da força. No entanto, a nomeação do pessoal para a constituição do corpo administrativo da colónia dependia da proporção das necessidades da mesma. Foi decretado ainda a composição da unidade para a guarda e isolamento e a fixação dos respectivos abonos tanto da companhia indígena de infantaria como também dos oficiais e das praças europeias destacadas. Cf. Decreto n.º 27:163, de 7 de Novembro de 1936.

da primeira leva de deportados que, provisoriamente, foram instalados em barracas de lona. Para a obra de instalação provisória da colónia penal foram concedidos 105.000$[103]. O internamento marca o início da trágica epopeia da deportação para o Tarrafal enquanto forma de concretização do banimento sob a força de encerramento dos desterrados numa colónia penal instalada numa ilha: o mar e o isolamento a que os presos estavam submetidos, davam à vida, aí, uma monotonia que tornava mais insuportável o cativeiro[104]. Neste sentido, entendemos que a deportação ganha uma dimensão punitiva sob o primado da dupla condenação: primeira, a condenação ao desterro; segunda, a condenação à prisão no local de desterro, caracterizada pela sua complexa carga funcional do duplo enclausuramento, tanto da ilha como também da prisão na ilha, munida de todos os seus dispositivos reais e simbólicos que definem e regulam as relações de força passíveis de patentear a ideia de insignificância da condição do deportado.

O percurso da deportação para o Tarrafal iniciava-se como se de uma viagem ao desconhecido se tratasse, no sentido em que a noção da partida não traduzia, por sua vez, a reciprocidade da noção da ideia de regresso. Se a partida era uma realidade decorrente da condenação ao desterro, o regresso era sempre uma miragem viva, cuja consumação se aguardava incessantemente. Assim, sob esta imagem, iniciava-se o roteiro do desterro dos primeiros condenados à colónia penal: cerca de cento e cinquenta e um (151)[105] presos deportados, sendo a maioria constituída por alguns dos insurrectos da revolta de 18 de Janeiro de 1934 (cerca de 55 que se encontravam internados em Angra do Heroísmo)[106] e pelos marinheiros da sublevação de 8 de Setembro de 1936 (cerca de 34). Dos presídios do continente (Caxias, Peniche, Aljube...) e dos Açores (Angra do Heroísmo) foi enviado para a colónia penal de Cabo Verde o primeiro carregamento de desterrados políticos.

---

[103] IAN/TT, PVDE, Ordem de Serviço n.º 167, 15 de Junho de 1936.

[104] Cf. Soares, 1975, p. 19.

[105] IAN/TT, PIDE/DGS, Tarrafal, Colónia Penal de Cabo Verde, *Índice de Entradas e Saídas*, NT.1, LV.1, 97 fls.

[106] Sobre a revolta de 18 de Janeiro de 1934 veja-se: Patriarca, 2000, pp. 463-473.

A colónia penal instituída pelo Estado Novo na ilha de Santiago em 1936 é a imagem reflectida do fortalecimento do aparelho repressivo do regime salazarista e do endurecimento das medidas preventivas e repressivas de defesa do Estado. Entre a chegada da primeira leva a 29 de Outubro de 1936 e os anos subsequentes, a história da colónia penal do Tarrafal ficou marcada tanto pela entrada de novas vagas de deportados como também pela saída de outros. Assim, a maior ou menor oscilação do número de desterrados para a colónia penal ficou condicionada por factores como a chegada/entrada de novos contingentes, a morte de alguns prisioneiros e o movimento de saída/libertação dos presos. Entre 1936 e 1940, deram entrada na colónia penal de Cabo Verde uma média de cerca de pouco mais de duas centenas e meia de presos (cerca de 256)[107].

Os anos imediatos à década de 1940 são marcados por ligeiras oscilações, não muito significativas, em relação ao total do contingente prisional da colónia. Por exemplo, o *Anuário Estatístico do Império Colonial* de 1943, na sua relação discriminada sobre a quantidade de presos existentes nos diferentes estabelecimentos prisionais apresenta, para o ano de 1942, um total de 250 detidos na colónia penal de Cabo Verde, e, para o ano seguinte, 1943, um valor numérico de 242 presos. Esta diferença de cerca de oito presos é prova evidente da conjuntura da década de 1940, caracterizada pelas frequentes transferências para outras prisões, pela libertação e também pela morte de alguns deportados. A corroborar esta posição estão as referências concernentes ao movimento de subtracção dos presos, em 1942 que, de forma incontestável, nos elucidam quanto ao destino de cada um deles: libertação, morte e transferência[108].

Um outro factor importante, que serviu como catalisador para a mudança da história da colónia penal na década de 1940 foi o anúncio da tão almejada amnistia em 1945. Como veremos mais à frente, noutra parte deste trabalho,

---

[107] Cf. *Presos Políticos no Regime Fascista IV – 1946-1948*, Comissão do Livro Negro Sobre o Regime Fascista, Mem Martins, 1985, pp. 443-472.

[108] *Anuário Estatístico do Império Colonial 1943*, Lisboa, Instituto Nacional de Estatística, Sociedade Astória, Limitada, 1945, p. 41. Cf. também, *Presos Políticos no Regime Fascista IV – 1946-1948*, Comissão do Livro Negro Sobre o Regime Fascista, Mem Martins, 1985, pp. 445, 451, 452, 453, 454, 458, 458 e 470.

a fase pós-guerra de 1945 traz consigo a força contestatária da opinião pública e da sociedade civil na denúncia de algumas aplicações das políticas repressivas do Estado Novo, principalmente a manutenção de presos políticos, desterrados nas várias prisões disseminadas pelas extensões territoriais do Portugal continental e ilhas adjacentes (nos Açores por exemplo) e das colónias. A amnistia, em 1945, chegou como uma espécie de manifesto da benignidade nacional, esclarecendo primeiramente a situação dos presos condenados por crimes contra a segurança exterior e interior do Estado e, seguidamente, ostentando a imagem de nação benevolente que o regime pretendia encarnar, através da reconciliação com alguns dos seus filhos deportados, indultando as suas penas e devolvendo-os à pátria de origem. Com o indulto das penas sob a forma de amnistia pretendia-se, sobretudo, dar uma ideia dos extremos da generosidade do Estado Novo para com os seus inimigos declarados e activos. A amnistia chegou sob forma de *Nota Oficiosa*, declarando tanto o número de presos amnistiados na colónia penal de Cabo Verde como também o daqueles que continuariam ainda sob o sistema de internamento: em 1945, o número total de presos na colónia penal de Cabo Verde era de 157; consta que, após a amnistia, ficaram 56 presos, o que permite depreender que foram amnistiados um total de cerca de 101 presos. De entre os que continuaram internados e isolados na colónia sob fortes medidas de segurança estavam aqueles que repressiva e discursivamente o regime tinha condenado por crime de traição à pátria (marinheiros do 8 de Setembro de 1936) e os denominados terroristas[109].

Com a amnistia torna-se evidente o decréscimo do número de deportados na colónia penal de Cabo Verde, se atendermos aos registos oficiais dos anos subsequentes à sua aplicação. Por exemplo, já no ano imediato (1946), o número da população prisional decrescera de cerca de pouco mais de uma centena e meia para cerca de meia centena[110]. Esta descida do número de deportados da

---

[109] Cf. *Diário da Manhã*, 26 de Outubro de 1945.

[110] Cf. *Anuário Estatístico do Império Colonial 1946*, Lisboa, Instituto Nacional de Estatística, Tipografia Portuguesa, Ld<sup>a</sup>., 1947, p. 65. Entre 31 de Dezembro de 1945 e 31 de Dezembro de 1946, o Anuário Estatístico apresenta-nos a seguinte relação: até finais de 1945 encontravam-se detidos na colónia penal 113 presos deportados; mas já no desfecho de 1946 esta cifra baixou para 52 detidos.

colónia penal deve ser compreendida no quadro da atenuação da política repressiva do regime em relação aos presos políticos, consequente da redução gradual da deportação para Cabo Verde. A provar este facto está a diminuição no envio de deportados para o cumprimento da pena de desterro e o esvaziamento do contingente da colónia penal até aos inícios de 1950: por esta altura, mais precisamente em finais de 1952, encontravam-se internados na colónia cerca de 26 deportados[111]. Estas mudanças reflectem um pouco a ressaca dos anos imediatos à amnistia, causada pela embriaguez constante das denúncias e das reivindicações da opinião pública nacional e estrangeira, em relação à imagem do regime e a sua política repressiva para com os presos políticos.

Em termos conclusivos, importa realçar o seguinte: primeiro, se tomarmos de forma acrítica e desatenta, como registo absoluto e definitivo, os dados publicados pela *Comissão do Livro Negro Sobre o Regime Fascista* dos anos 1946-1948 e 1952-1960, somos levados a afirmar que, no Tarrafal, foram cumpridas 231 penas[112]. Mas, numa análise mais cuidadosa e rigorosa, podemos constatar que esse valor é superado por outros registos oficiais da época. Por exemplo, o *Anuário Estatístico do Império Colonial 1943*, na sua relação sobre os presos existentes nos estabelecimentos prisionais, apresenta-nos uma cifra de 250 deportados para o ano de 1942 e, de 242 para o ano seguinte – 1943 – internados na colónia penal de Cabo Verde[113], revelando assim um valor superior ao que foi estimado em relação ao total dos registos das penas cumpridas, como já referimos anteriormente. Em segundo lugar, podemos afirmar, com algum rigor, que esta imprecisão está também evidente na discordância entre o registo total das penas cumpridas no Tarrafal (231) e o valor total do índice do movimento de entrada e saída dos presos (mais de três centenas e meia) o que, segundo a própria *Comissão do Livro Negro Sobre o Regime Fascista*, denuncia as deficiências dos arquivos

---

[111] Cf. *Anuário Estatístico do Ultramar 1952*, Lisboa, Instituto Nacional de Estatística, Tipografia Portuguesa, Ldª., 1953, p. 26.

[112] Cf. *Presos Políticos no Regime Fascista IV – 1946-1948 e VI – 1952-1960*, Comissão do Livro Negro Sobre o Regime Fascista, Mem Martins, 1985 e 1988, p. 420 e p. 608 respectivamente.

[113] Cf. *Anuário Estatístico do Império Colonial 1943*, Lisboa, Instituto Nacional de Estatística, Sociedade Astória, Limitada, 1945, p. 41.

da polícia e aponta para uma conclusão importante: o quantitativo total de presos que constam dos arquivos é inferior ao total das prisões efectuadas[114].

Feitas essas considerações, parece pertinente afirmar que este registo, que totaliza o número das penas cumpridas no Tarrafal (231), parece bem inferior ao total do movimento de entrada e saída dos presos, entre os anos de 1936 a 1952. Esta asserção é válida se tivermos em atenção o cômputo geral dos deportados que entraram e saíram do Tarrafal desde a abertura da colónia penal, em 1936, até aos anos que caracterizaram a ressaca da amnistia, entre finais de 1945 e 1948: segundo os registos do livro do *Índice de Entradas e Saídas* de presos da colónia penal do Tarrafal, entre os anos de 1936 e 1947, deram entrada na colónia penal de Cabo Verde cerca de trezentos e sessenta e oito (368) deportados políticos[115]. Isto significa que, se contabilizarmos somente os registos do índice de entrada e saída dos presos da colónia penal de Cabo Verde entre os anos 1936 e 1948 podemos concluir que o cômputo geral dos deportados que foram internados ultrapassa o valor do registo das penas cumpridas. Assim, somos levados a afirmar que, na colónia penal de Cabo Verde, durante os dezoito anos do seu primeiro período de funcionamento, passaram pelo internamento uma média de cerca de mais de três centenas e meia (374) de presos políticos deportados, provenientes de diferentes origens e filiações políticas e ideológicas, (republicanos, democratas, anarquistas, sindicalistas, comunistas, etc.)[116]. Estes últimos (os comunistas) representavam uma parte importante dos que foram enviados para o Tarrafal. Contudo, independentemente da heterogénea composição política e ideológica do grupo dos presos deportados, eles repartiam entre si o mínimo denominador político comum que se traduzia na oposição e na notória aversão ao salazarismo.

Portanto, podemos assegurar que este primeiro momento da história da colónia penal termina em 1954, em parte, por força da popularização dos efeitos das atrocidades do regime perante a opinião pública. Oficialmente

---

[114] *Presos Políticos no Regime Fascista IV – 1946-1948*, Comissão do Livro Negro Sobre o Regime Fascista, Mem Martins, 1985, p. 5.

[115] IAN/TT, PIDE/DGS, Tarrafal, Colónia Penal de Cabo Verde, *Índice de Entradas e Saídas*, NT.1, LV.1, 97 fls.

[116] *Presos Políticos no Regime Fascista IV – 1946-1948*, Comissão do Livro Negro Sobre o Regime Fascista, 1985, pp. 443-472.

determinou-se que o desaparecimento da prisão do Tarrafal dependeria da entrada em serviço da nova colónia penal do ultramar, edificada no planalto do Bié, perto de Silva Porto, na então província de Angola. Ou seja, se 1954 marca a data da saída dos últimos deportados, a verdadeira extinção legal só se verificou com o anúncio que decretou a criação da colónia penal do Bié[117], em 1956, na circunscrição do Alto Cuanza, distrito do Bié, província de Angola, destinada ao internamento de delinquentes comuns de difícil correcção, condenados pelos tribunais metropolitanos. A decisão legal da criação da colónia penal do Bié extinguiu, em simultâneo, a colónia penal do Tarrafal em Cabo Verde e propôs, não só a integração e a colocação dos seus funcionários no quadro funcional da nova colónia penal (Bié), como também a conversão de todos os materiais e os móveis da extinta colónia em património da Província de Cabo Verde, caso não fossem remetidos para a recém-criada colónia penal. Sendo assim, a extinção da prisão do Tarrafal não deixa de ser também um acto de suspensão temporária da actividade repressiva dirigida para aquela colónia. Aliás, o seu encerramento pode ser visto também como uma tentativa de suspensão do espectro da aterrorizada imagem que a colónia penal do Tarrafal tinha imprimido na opinião pública portuguesa e internacional. Por isso, a sua extinção chegou a ser considerada como uma medida de grande alcance político e até, em certa medida, nacional tendo em conta que sempre se fez, em torno deste presídio, várias considerações críticas que não raro transpuseram as fronteiras para se projectar no estrangeiro[118]. Assim, não será o seu encerramento uma mera deslocação do espectro dessa colónia penal, tendo em conta que momentos históricos subsequentes comprovam a sua reactivação, a sua reutilização e a sua reabertura sob uma nova designação? Na verdade, podemos concluir que o seu encerramento legal, em 1956, não esvaziou a concepção operatória da ilha enquanto espaço destinado ao cumprimento da deportação e da prisão, tal como ficou provado com a reabertura e a reutilização da mesma prisão, sob o signo da tergiversação conceptual: de colónia penal para campo de trabalho.

---

[117] Cf. *O Século*, n.º 25.781, Ano 74º, de 10 Janeiro, 1954; Decreto-lei n.º 40:675, de 7 de Julho de 1956.

[118] Cf. *O Século*, n.º 25.781, Ano 74º, de 10 Janeiro, 1954.

II


# DE COLÓNIA PENAL A CAMPO DE TRABALHO


A extinção legal da colónia penal do Tarrafal em 1956 não invalidou a concepção de ilha como espaço e destino de deportação e de prisão política durante o Estado Novo. Momentos históricos imediatos demonstraram a validade da força repressiva que o isolamento impunha à vida de cárcere daqueles que foram internados no Tarrafal, durante os anos que mediaram entre 1961 e 1974. O que aqui pretendemos demonstrar é a complexidade da imposição da violência repressiva do Estado Novo, no contexto da relação colonial, perante o desabrochar de alguns dos movimentos de emancipação que questionavam a regulação colonial e pretendiam inverter as relações de poder, face à suposta legitimidade da soberania portuguesa nos espaços coloniais africanos. Queremos com isto dizer que, no contexto da década de 60, o Campo de Trabalho de Chão Bom surge como parte de um grande enredo histórico que caracterizou os horrores da repressão e da violência colonial do regime, resultante das resistências e das lutas anticoloniais. Na grande narrativa histórica dos movimentos emancipatórios nas antigas colónias portuguesas da África, o Campo de Trabalho de Chão Bom aparece como um dos dispositivos reactivados e postos ao serviço do Estado Novo para a materialização do desterro e da repressão de angolanos, guineenses e cabo-verdianos, que ali foram internados sob severas medidas de segurança. Foi um instrumento e um meio através do qual o regime tentava asfixiar, a partir da apropriação da violência real e simbólica, todas as actuações refractárias à submissão colonial. Por isso, no quadro da relação colonial dos anos que medeiam entre 1961 e 1974, assistia-se à aplicação de uma modalidade de violência dirigida contra alguns africanos, categorizados como sendo elementos "perigosos" e "terroristas" e alguns movimentos de pendor independentista, considerados "subversivos", em que o isolamento e afastamento dos seus activistas das suas sedes de vida social e política parecia ser a única forma consensualizada de defesa dos interesses do regime nas colónias.

Para além da sua suposta funcionalidade depuradora, o Campo de Trabalho converteu-se também numa espécie de ilha de opróbrio e de dor, tendo em conta que a orientação repressiva do regime pretendia relegar a condenação dos considerados crimes políticos para longe, para onde não podia exibir-se como espectáculo público nem como chaga moral, a contaminar o ambiente que os gerou e que os cercava. Assim, as determinações legais previam o afastamento dos condenados como uma orientação duplamente pragmática, primeiramente, como forma de evitar exibicionismos confrangedores, em que a suposta miséria moral predominava; segundo, para cercarem de maiores garantias as curas espirituais que se procuravam alcançar por meio da prisão, ou seja do isolamento a que a sociedade se via forçada através da condenação de todos os que a afrontavam, transgredindo os preceitos da ordem definida pelo regime[119]. Então, sob o signo do afastamento dos condenados políticos, o Campo de Chão Bom foi convertido numa das vias de activação e exercício da violência política colonial, através do internamento forçado, da disciplina severa, dos castigos e da prorrogação dos anos de prisão, etc. Assim, entendemos que este Campo representa uma faceta da complexa e tenebrosa noite repressiva do Estado Novo que mediou a relação da violência colonial entre 1961 e 1974.

Feitas estas considerações, propomo-nos então traçar o quadro histórico do Campo de Trabalho de Chão Bom, através da análise da complexidade da questão conceptual e terminológica e, em seguida, o seu enquadramento e a sua contextualização enquanto instrumento de reclusão dos anticolonialistas africanos.

---

[119] Cfr. Decreto n.º 43:600, de 14 de Abril de 1961, com o Decreto-lei n.º 39:97, de 29 de Dezembro de 1954 e o Decreto-lei n.º 26:643, de 28 de Maio de 1936.

Como já afirmamos, diferentes momentos da história da repressão do regime do Estado Novo demonstraram a validade da concepção da ilha enquanto destino de encerramento e espaço adequado para a privação da liberdade, sob a pena da deportação em locais afastados da sede habitual de vida, de modo a que a distância e o isolamento se convertessem em meios importantes de intimidação. Primeiro, sob a enunciação discursiva e terminológica de colónia penal e, depois, sob a de Campo de Trabalho de Chão Bom. A reutilização do presídio do Tarrafal, a partir de 1961, testemunha a necessidade política de estabelecimentos adaptados em locais especiais para o internamento de presos políticos, tal como tinha sido veiculado oficialmente pelo regime, para o cumprimento de medidas de segurança. Mesmo perante a extinção legal da prisão do Tarrafal em 1956, a ideia da escolha do espaço insular esteve também presente noutras determinações legais pronunciadas em 1961, onde se autorizava, por exemplo, a construção na ilha de Santo Antão, arquipélago de Cabo Verde, de um estabelecimento destinado ao cumprimento das penas maiores e das medidas de segurança[120]. Embora desconhecendo os desenvolvimentos futuros desta determinação e os seus destinos práticos, o mais importante a reter é o facto da primazia da ideia de ilha estar quase sempre presente na lógica da continuidade da concepção e preparação dos destinos de deportação.

Outro dado importante a ter em atenção é a questão da reactualização da modalidade de repressão para o contexto dos ano de 1961, momento coincidente com a eclosão da guerra em Angola. Em 1961, pela portaria do Ministério do Ultramar, foi instituído em Chão Bom um Campo de Trabalho[121] para o cumprimento das penas maiores e medidas de segurança, fixadas pelas entidades competentes. A denominação "Campo de Trabalho" foi legalmente instituída como nova categorização da antiga colónia penal do Tarrafal, encerrada em 1956. Apesar da mudança de nomenclatura, a extinta colónia penal do Tarrafal, agora reaberta sob a designação de "Campo de

---

[120] Cf. Portaria n.º 18:539, de 17 de Junho de 1961.

[121] IAN/TT, Arquivo da PIDE/DGS, Serviços Centrais, Campo de Trabalho de Chão Bom, Processo n.º 754/61-SR, NT.3075, *Informação*, Lisboa, 5 de Julho de 1961, fl. 332.

Trabalho", traduz um processo de tergiversação conceptual e terminológica, como forma de reprodução de um novo discurso legitimador do uso da repressão e de sustentação de uma nova linguagem política no uso da violência então dirigida contra os anticolonialistas. Cinco anos após o encerramento da colónia penal de Cabo Verde, assistia-se novamente em 1961 a um processo de reutilização, passando oficialmente a designação de Colónia Penal do Tarrafal para Campo de Trabalho de Chão Bom. Assim, ficou oficialmente determinada, em 5 de Julho de 1961, a obrigatoriedade de que "de futuro, o presídio criado no Tarrafal deve ser sempre designado pelo seu nome oficial que, conforme a portaria n.º 18.539, de 17 de Junho findo, publicado no 'Diário do Governo' na mesma data, é «Campo de Trabalho de Chão Bom»".

Como já demonstramos, a denominação do recém-instituído Campo de Trabalho representava uma verdadeira encenação do processo de transmutação terminológica da antiga colónia penal do Tarrafal, enquanto dispositivo repressivo do regime, resgatado em 1961 sob a nova designação de Campo de Trabalho. Por conseguinte, em termos práticos, esta mudança de nomenclatura não se traduziu, consequentemente, na refracção ou na atenuação do exercício da repressão sobre os prisioneiros políticos que para lá foram enviados. Na prática, quase sob as mesmas modalidades de punição (castigos, torturas, isolamento em celas especiais, defeituosa assistência médica, subalternidade dos presos, prorrogação dos anos de prisão após o cumprimento da pena... etc.), o Campo de Trabalho de Chão Bom dava continuidade aos procedimentos repressivos do Estado Novo, anteriormente iniciados com a criação da colónia penal no mesmo local. Daí que parece de todo pertinente assegurar, com alguma margem de rigor, que a nova designação representava, simplesmente, uma questão semântica sem, no entanto, diferenciar a lógica pragmática da sua utilização enquanto dispositivo de controlo e de repressão: estamos assim perante uma espécie de transmutação terminológica e de reactualização material da extinta colónia penal através da representação de um jogo conceptual e de uma prática discursiva que se queria apresentar como nova, e que oficialmente se impôs entre 1961 e 1974.

Fig. 2. Vista da entrada principal do Campo de Trabalho de Chão Bom. Documento cedido pelo IAN/TT. Código de referência: PT/TT/SNI/DO/20-02/35354.

III

## O Campo de Trabalho de Chão Bom

Nas trevas da longa noite repressiva do Estado Novo, o Campo de Trabalho de Chão Bom inscreve-se historicamente no contexto da marcha que caracterizou este regime durante os anos de 1961 a 1974, período histórico conturbado pelos desafios da manutenção da presença portuguesa em África. O Campo de Trabalho de Chão Bom é também resultado deste quadro da relação de poder, marcada pelo binómio regulação colonial *versus* contestação anticolonial. Isto significa que a regulação colonial, mediada pelas lógicas da dominação e pelas formas desiguais de apropriação e disposição do poder, se defrontava com novas formas de resistência e lutas de orientação independentista. Perante esta confrontação da lógica colonial com os desafios dos movimentos anticoloniais, a apropriação e o uso da violência (real e simbólica), posta ao serviço dos interesses do regime, foi um dos meios do exercício da repressão a favor da suposta defesa incontestável da ideia de soberania portuguesa nas suas colónias africanas. Por esta razão, a reabertura do presídio do Tarrafal, sob a designação de Campo de Trabalho, representava uma das modalidades para abortar as forças emancipadoras que anunciavam as ideias libertárias de uma África livre do jugo colonial. Se o Campo de Trabalho de Chão Bom é uma das imagens da repressão do Estado Novo, o internamento dos anticolonialistas representava, por sua vez, a crença ingénua e simplista do regime na sua força para assegurar a manutenção da ordem colonial através do internamento forçado dos anticolonialistas. Assim, esta tentativa de asfixiar e esmagar o eclodir da força e da acção dos movimentos anticoloniais foi uma modalidade de repressão, cujo fim viria a provar-se não passar de uma utopia que, aos poucos, declinava face à incessante resistência e luta contra a violência da dominação colonial.

## Localização e descrição do Campo de Trabalho

Como já referimos, o Campo de Trabalho de Chão Bom é a antiga colónia penal do Tarrafal, reaberta em 1961 com esta designação. Está situado no extremo norte da ilha de Santiago no Concelho do Tarrafal, na planície de Chão Bom, junto à baía com o mesmo nome, distando cerca de 2 km da vila do Tarrafal e cerca de 1 km da povoação de Chão Bom. Da descrição do seu primeiro Director consta que nos limites do Campo de Trabalho, nos terrenos da antiga granja do presídio, funcionava um posto experimental dos Serviços de Fomento Pecuário existindo também ali uma pista de aviação que não oferecia segurança à Força Aérea Portuguesa. Considerava-se ainda que as baías de Chão Bom e do Tarrafal eram bons ancoradouros; mas, em contrapartida, a ligação terrestre à capital (cidade da Praia), em 1961, era um dos mais difíceis percursos que se conhecia, devido à natureza acidentada do terreno, o que fazia do Tarrafal um local extremamente isolado, de difícil acesso por via terrestre, mas de acesso fácil por mar.

O Campo estava cercado por um fosso de pequena profundidade e arame farpado, com guaritas nos quatro ângulos para as sentinelas. No interior existiam os pavilhões de detenção que se encontravam definidos à esquerda e à direita do arruamento principal, no alinhamento do portão de entrada; no alinhamento do único portão de entrada existia o arruamento principal, que separava os dois blocos dos edifícios prisionais – prisões, retretes, lavandarias e uma cozinha. O bloco da esquerda estava totalmente ocupado pelos presos de delito comum da Província de Cabo Verde e era constituído por três prisões, uma lavandaria, uma cozinha, retretes e chuveiros. O bloco da direita destinava-se aos presos políticos de Angola e era constituído por três prisões, uma lavandaria, retretes e chuveiros; não dispunha de cozinha, mas ao fundo e ao centro do arruamento principal existia um compartimento destinado a posto sanitário. Fazia ainda parte do Campo, a casa do Director, a secretaria e duas pequenas divisões – habitações – e todas as dependências estavam ocupadas, em 1961, pelo pessoal administrativo e de segurança do presídio da Província de Cabo Verde e do pelotão de atiradores ali estacionado[122]. Numa das dependências no Campo existia uma biblioteca, que, por vezes, funcionava simultaneamente como capela. Tudo indica que fora do recinto prisional existia uma granja agrícola onde se pretendia que os presos se dedicassem ao trabalho da horticultura. Contudo, esta descrição retrata a perspectiva do estado do Campo em 1961, aquando da nomeação do seu primeiro Director, o que não exclui a possibilidade de se terem realizado ligeiras obras ulteriores sem que, no entanto, o Campo tenha sofrido alterações estruturais na sua configuração.

### *O Campo de Trabalho: os inconvenientes e os receios sociais e políticos da sua instalação*

Pelo Ministério do Ultramar, em Junho de 1961, ficou oficialmente instituído o Campo de Trabalho de Chão Bom; todavia, a urgente necessidade do seu funcionamento deparava com alguns inconvenientes de ordem material e alguns receios de cariz político-social que condicionavam o internamento imediato dos presos políticos.

Após a instituição legal do Campo, foi nomeado o primeiro Director, José Pedro Queimado Pinto, cuja missão se iniciou com a sua chegada à Província de Cabo Verde, a 17 de Setembro de 1961. A incumbência fundamental da sua deslocação prendia-se com a necessidade de analisar as condições e as possibilidades para a instalação imediata dos serviços de administração, segurança e manutenção do Campo de Trabalho, pelo menos até finais de Dezembro de 1961, através do contacto com os diferentes serviços públicos. Seria também sua incumbência auscultar o ambiente político-social da ilha de Santiago. Porém, seguindo as indicações do então Governador da Província de Cabo Verde, Silvério Marques, o nomeado

---

[122] IAN/TT, Arquivo da PIDE/DGS, Governo Provincial de Cabo Verde, Campo de Trabalho de Chão Bom, Processo n.º 3, 1961-1964, Informação, Proposta e Relatórios, 1.ª Pasta, *Província de Cabo Verde Campo de Trabalho de Chão Bom Informação n.º 1/61 e n.º 2/961*, fls. 97-103 e 90-96 respectivamente.

Director desloca-se ao Tarrafal, no dia 21 de Setembro de 1961, para visitar o Campo de Trabalho de Chão Bom, e percorrer as suas instalações e construções. Do exame do local foi elaborado o *Regulamento do Campo de Trabalho de Chão Bom* pelo nomeado Director, instrumento que ele considera como sendo importante e sem o qual seria difícil dirigir aquele estabelecimento prisional. As suas impressões da visita ficaram registadas nas informações dirigidas ao Governador da Província de Cabo Verde, delas constando alguns dos inconvenientes que poderiam dificultar a urgente instalação dos serviços do recém-instituído Campo de Trabalho.

Entre os condicionantes materiais que obviavam a constituição dos serviços da direcção do Campo de Trabalho e o processo de internamento dos primeiros presos estava o problema da possível comunicabilidade entre os presos políticos e os presos de delito comum. Em 1961, aquando da visita do Director ao Tarrafal, encontravam-se internados no Campo de Chão Bom (nos pavilhões à esquerda do arruamento principal do portão de entrada e dispondo de cozinha privativa, lavandaria, sanitários) presos judiciais condenados a pena maior pela Comarca de Sotavento, sendo o respectivo pessoal administrativo e de segurança composto por um administrador, um ecónomo e os guardas. Por outro lado, os pavilhões de direita, servidos de sanitários e lavandarias mas desprovidos de cozinha, seriam ocupados por presos políticos de Angola que ali viriam a ser internados. Surgia então o problema de uma eventual hipótese de co-municabilidade entre os presos políticos e os de delito comum, não tanto por causa da proximidade dos pavilhões, mas devido sobretudo à existência de uma só cozinha que seria partilhada pelas diferentes categorias de presos. Assim, afigurava-se bastante difícil evitar esse tipo de contacto, bem como transferir do Campo os presos judiciais, por falta de estabelecimento prisional na Província. Referindo-se à época em que os presos condenados a pena maior na Província de Cabo Verde cumpriam as suas penas noutras províncias do império, o referido Director não deixou de questionar quanto à possibilidade de voltar ao sistema anterior, uma vez que se desconhecia quanto tempo poderia demorar a construção do estabelecimento prisional previsto na ilha de Santo Antão. E como Angola necessitava com muita urgência de transferir para Cabo Verde alguns presos considerados de "responsabilidade política", o Campo de Trabalho de Chão Bom parecia ser o único estabelecimento com capacidade para albergar os presos políticos naturais tanto daquela como também de outras Províncias.

Para além da dúvida quanto à possibilidade de contacto entre os diferentes tipos de presos, levantava-se também o problema dos alojamentos, que começava com a inconveniência da cozinha comum e passava também pela falta de instalação para o seguinte pessoal do Campo: ecónomo, guardas, encarregados da central eléctrica, médico e padre (caso estes dois cargos viessem a ser criados). Para resolver esses inconvenientes, o Director propunha a construção de uma cozinha com materiais baratos e a cedência de duas residências pré-fabricadas, reconhecendo que no Tarrafal não havia possibilidade de arrendamento de casas de habitação; propunha ainda a necessidade de solucionar a imprescindibilidade das instalações sanitárias (com a instalação das fossas rotas) e o problema da aquisição de móveis e utensílios[123].

A necessidade de definição das modalidades de ocupação e utilização da mão-de-obra prisional constituía também mais uma das preocupações que precedia o processo de internamento dos presos políticos a partir de 1961. Pensou-se então que, dos campos da antiga granja do presídio, entregue aos serviços de fomento pecuário, se podia definir os terrenos a serem trabalhados pelos presos de Angola e as respectivas condições; ou então, que a mão-de-obra prisional fosse utilizada em trabalhos públicos, como por exemplo o abastecimento de água a Chão Bom (captação na Ribeira da Prata) ou a construção da estrada para Santa Catarina. Num clima de total incomunicabilidade com os presos judiciais de Cabo Verde e com a população da ilha, havia todo o interesse para que os presos trabalhassem, em que o produto do seu trabalho amenizasse os encargos da Província de Angola.

Do ponto de vista da segurança material, o nomeado Director considerava necessária uma revisão à eficiência do arame farpado antigo. Mesmo reconhecendo que o Campo de Trabalho de Chão Bom poderia reunir condições para o cumprimento de diferentes penas, não deixava de manifestar

---

123 IAN/TT, Arquivo da PIDE/DGS, Governo Provincial de Cabo Verde, Campo de Trabalho de Chão Bom, Processo n.º 3, 1961-1964, Informação, Proposta e Relatórios, 1.ª Pasta, *Província de Cabo Verde Campo de Trabalho de Chão Bom Informação n.º 1/61*, fls. 97-103.

algum cepticismo ao considerar que, devido à falta de muros de vedação que o isolassem suficientemente do exterior, e em resultado da sua localização e situação geográfica, não seria, talvez, indicado para o cumprimento de penas de delinquentes e criminosos políticos africanos[124].

Especial atenção merece também a problemática do ambiente social e político do arquipélago, em 1961. O grande receio em relação ao internamento dos presos políticos africanos no Tarrafal (e que persistiu ao longo dos anos de funcionamento do Campo de Trabalho) era a existência de um certo clima de insegurança latente que pairava sobre o arquipélago, no contexto das actividades de lutas clandestinas anticoloniais. Na ilha de Santiago, e particularmente no Campo de Trabalho de Chão Bom, onde seriam internados os presos políticos africanos, o espectro de uma insegurança dissimulada gerava algum cepticismo, a começar pela existência de guardas armados dos quais se desconhecia o pensamento político. Por isso, atendendo à questão da comunicabilidade entre os presos comuns de Cabo Verde e os políticos de Angola, alguns guardas de quem se desconhecia a filiação ideológica poderiam tornar-se no principal veículo transmissor de ideias. Assim, o desconhecimento das suas ideias políticas podia fazer com que os serviços de vigilância e de segurança do Campo de Trabalho tivessem de exercer uma acção redobrada e reforçada, sobre os presos de Angola e sobre os guardas e presos de Cabo Verde.

Do ambiente político e social de 1961, o nomeado Director alude também à prisão de alguns indivíduos, na cidade da Praia, considerados responsáveis por um movimento "terrorista" que estava para eclodir na Província de Cabo Verde. Em Cabo Verde, as autoridades coloniais consideravam que da ilha de Santiago, as actividades dos anticolonialistas estavam a estender-se pelas restantes ilhas do arquipélago e que os processos a utilizar poderiam ser idênticos aos que foram praticados em Angola, e cuja encenação foi descrita pelo Director nos seguintes termos: "matar o branco e quem não aderisse ao

---

[124] IAN/TT, Arquivo da PIDE/DGS, Governo Provincial de Cabo Verde, Campo de Trabalho de Chão Bom, Processo n.º 3, 1961-1964, Informação, Proposta e Relatórios, 1.ª Pasta, *Província de Cabo Verde Campo de Trabalho de Chão Bom Informação n.º 2/61*, fls. 90-96.

movimento de independência"[125]. Segundo o mesmo Director, esta doutrina parecia largamente difundida sendo que a *Rádio Dakar* não parava de incitar os cabo-verdianos à prática dos "mesmos hediondos crimes" levados a cabo em Angola, e que a população de Cabo Verde sentia esta campanha de nervos. Por isso, salientava ele que a calma no arquipélago era meramente aparente, uma vez que, desde o aparecimento dos apregoados movimentos de libertação da Guiné e de Cabo Verde, a população sentia o perigo. Com a descoberta da "terrorista organização", a intranquilidade dos espíritos atingiu o auge. Dizia-se que o principal chefe daquela organização fugiu para Dakar[126], mas as autoridades e a população receavam desembarques de "terroristas" bem armados nos inúmeros ancoradouros das ilhas, vindos de Dakar.

Ainda nos trilhos da documentação oficial conseguimos discernir que, antes da prisão dos "terroristas" acima referidos, a propaganda subversiva foi de certo modo acentuada no Tarrafal, por intermédio de um indivíduo designado por "francês" que, por conseguinte, desapareceu. E que também, no ataque à Escola Primária do Tarrafal, os assaltantes tinham deixado escritas palavras que atentavam contra a soberania portuguesa[127].

Outro receio das autoridades coloniais referido pelo nomeado Director do Campo prendia-se com a existência de Rebelados no concelho de Tarrafal. O receio advinha sobretudo do facto de os Rebelados serem vistos, conhecidos e considerados (pelo poder colonial) como uma "seita" que tinha o culto da desobediência às autoridades e desprezo pela bandeira nacional portuguesa e por tudo quanto fosse português. Receavam aceitar os benefícios das brigadas sanitárias anti-palustres e anti-tuberculosa, como também se revelavam reticentes a trabalhar para o Estado e a receber qualquer benefício do Governo. Deste modo, devido aos entraves impostos pelos terrenos

---

[125] IAN/TT, Arquivo da PIDE/DGS, Governo Provincial de Cabo Verde, Campo de Trabalho de Chão Bom, Processo n.º 3, 1961-1964, Informação, Proposta e Relatórios, 1.ª Pasta, *Província de Cabo Verde Campo de Trabalho de Chão Bom, Informação n.º 2/61*, fls. 90-96.

[126] Por exemplo, Lopes, 2002, pp. 111-112, faz referência a onze "terroristas" e à fuga de Leitão da Graça para Dakar.

[127] IAN/TT, Arquivo da PIDE/DGS, Governo Provincial de Cabo Verde, Campo de Trabalho de Chão Bom, Processo n.º 3, 1961-1964, Informação, Proposta e Relatórios, 1.ª Pasta, *Província de Cabo Verde, Campo de Trabalho de Chão Bom, Informação n.º 2/61*, fls. 90-96.

acidentados e sem vias de comunicação, reconhecia-se que nas regiões em que viviam essas populações (em lugares considerados "inacessíveis" e sem a presença das autoridades) seria difícil controlar as ideias políticas dos seus habitantes e, por meios suasórios, exterminar o procedimento dos Rebelados. Assim, como forma de garantir a segurança interna (no Campo de Trabalho de Chão bom) e externa, o nomeado Director propunha várias medidas, entre elas: uma maior intensificação da ocupação administrativa e policial na área do Concelho do Tarrafal; que fosse convenientemente averiguada a índole política dos guardas e do pessoal administrativo que prestavam serviços no Campo de Trabalho de Chão Bom; que fosse aplicado o arame farpado em torno das residências e do aquartelamento militar; que fosse aumentado o efectivo militar, a fim de efectuar uma vigilância interna e externa, durante o dia e a noite, etc[128]. Portanto, era sob o signo desses condicionalismos materiais, sociais e políticos acima descritos que se preparava o internamento e o isolamento dos presos políticos africanos no Campo de Trabalho de Chão Bom, a partir de 1961.


## O quadro do pessoal do Campo de Trabalho

Pelo Ministério do Ultramar ficou explicitamente determinado que o pessoal necessário ao funcionamento do Campo de Trabalho seria determinado por despacho daquele Ministério e recrutado, em regime de comissão, entre os servidores dos respectivos quadros da Província de Angola que, por sua vez, suportaria todas os encargos. De acordo com o *Regulamento do Campo de Trabalho de Chão Bom*, aprovado a 18 de Dezembro de 1961, por despacho do então Ministro do Ultramar, Adriano Moreira, o quadro do pessoal de nomeação que integraria o corpo administrativo do referido Campo seria constituído por um Director, um chefe de secretaria, um ecónomo, um escriturário, guardas e respectivo chefe. O Director era a mais alta figura da hierarquia administrativa do Campo, competindo-lhe, por sua vez, fazer respeitar o disposto nas leis e regulamentos, como também as instruções e

---

[128] *Ibidem.*

ordens do Governador da Província de Cabo Verde. Na ausência ou impedimento do Director seria nomeado, pelo Governador da Província, um substituto sob proposta do Director. O grupo dos guardas era constituído por um pelotão de caçadores que garantia a defesa do Campo de Trabalho e Presídio de Chão Bom e colaborava com a direcção na defesa interna e controlo dos presos. Os restantes guardas eram constituídos pela PSP de Cabo Verde e de Angola e por uma unidade de guardas auxiliares cabo--verdianos.

Faziam parte ainda do quadro do pessoal do Campo alguns contratados, assalariados ou pessoal extraordinário considerado necessário, em função das disponibilidades orçamentais, mediante autorização do Governador da Província, sob a proposta do Director do Campo. Para o cumprimento da assistência médica, previa o *Regulamento*[129] que esta seria assegurada e prestada por um médico dos Serviços de Saúde, que visitaria o Campo uma vez por semana e sempre que necessário, enquanto o Campo de Trabalho não tivesse médico destacado. Mas, primeiramente, os presos seriam assistidos diariamente pelos enfermeiros colocados no presídio dos reclusos de delito comum e pelo enfermeiro do Posto Sanitário do Tarrafal. Previa-se também a designação de um padre católico, remunerado pelo Estado, para a prestação da assistência religiosa e moral aos presos políticos; porém, enquanto não fosse designado um padre católico privativo, a assistência religiosa e moral poderia ser exercida pelo pároco que residia na freguesia mais próxima, que rezaria missa aos domingos para os reclusos católicos, após o hastear da bandeira nacional portuguesa, na presença de todos os outros reclusos.

Apesar de ter sido determinado que o núcleo principal do quadro do pessoal de nomeação seria recrutado entre os servidores da Província de Angola, também muitos cabo-verdianos foram alistados para prestação de serviços no Campo de Chão Bom, tanto na qualidade de trabalhadores eventuais, como também na de contratados, assalariados ou pessoal extraordinário. Importa salientar ainda que os cabo-verdianos estavam

---

[129] IAN/TT, Arquivo da PIDE/DGS, Governo Provincial de Cabo Verde, Campo de Trabalho de Chão Bom, Processo n.º 3, 1961-1964, Informações, Propostas e Relatórios, 1.ª Pasta, *Regulamento do Campo de Trabalho de Chão Bom*, 16 de Novembro de 1961, fls. 73-77.

destacados e distribuídos pelos serviços do presídio da província (no Campo), onde se encontravam os presos de Cabo Verde, e pelos diferentes serviços do Campo de Trabalho, onde se encontravam também outros presos políticos africanos. Os cabo-verdianos recrutados eram distribuídos em diferentes categorias profissionais: escriturários, enfermeiros, guardas, etc., sendo esta última a categoria mais frequentemente ocupada pelos nativos do arquipélago. Outrossim, aqueles que prestavam serviços no Campo de Chão Bom eram naturais dos diferentes pontos do arquipélago: da ilha de Santiago (do Tarrafal, da freguesia de São Domingos, da cidade da Praia, da Freguesia de São Salvador do Mundo); da ilha da Brava; do Fogo; da Boa Vista[130].

## O movimento de entrada e internamento dos Presos

O Campo de Trabalho destinava-se ao encerramento de presos políticos africanos deportados, condenados e submetidos ao desígnio tirânico de cumprimento das medidas de segurança. Tal como ficou explícito no *Regulamento*, o Campo de Trabalho de Chão Bom tinha por finalidade suprema fazer cumprir integralmente as penas fixadas pelas entidades competentes e exercer, em conformidade com as directrizes recebidas, eficiente acção político-social sobre os reclusos, utilizando como principais instrumentos o trabalho, a disciplina, o ensino, a instrução religiosa e a educação patriótica. O que se pretendia realmente era a "regeneração" dos

---

[130] Entre muitos cabo-verdianos que trabalharam no Campo de Chão Bom podemos, a título exemplificativo, referir nomes de alguns guardas e funcionários da corporação que estavam destacados para a prestação de serviços no Campo do Tarrafal: entre outros, podemos citar guardas como Carolino Almeida Coimbra, Eduíno Leger, Pedro Barros, Lucas Sanches Varela, João Mendes, Ramiro Correia Furtado, Elias Monteiro Lopes, João Abade Soares de Carvalho, Paulo Duarte, Antero Pires Correia; dos trabalhadores, Braz Teófilo Rodrigues, Alberto Teixeira de Pina; o enfermeiro Cipriano Nunes Leão; a escriturária Marina de Sousa Tavares, etc. Cf. IAN/TT, Arquivo da PIDE/DGS, Governo Provincial de Cabo Verde, Campo de Chão Bom, Processos 4 e 5, Material de Guerra/Recrutamento de Guardas Auxiliares 1963 (Abr.30) – 1974 (Dez.11), 272fls; *Idem*, Processo n.º 3, 1961-1964, *Informações, Propostas e Relatórios*, 1.ª pasta, fls. 38-48 e 49; IAN/TT, Arquivo da PIDE/DGS, Gov. Prov. de Cabo Verde, Campo de Chão Bom, Proc. n.º 3, 1965–1967, 1971–1974, 2.ª Pasta, fls. 8-10; *Resistência*, Edição Especial – Abril 1999, pp. 16-19.

presos políticos africanos, tentando exorcizar os ideais de emancipação colonial, através do isolamento e da disciplina imposta pela permanência da vida de cárcere naquele Campo de Trabalho. Na miragem deste ideal de regeneração aspirado pelo regime ficou discursivamente celebrado que, com os meios de recuperação acima referidos (o trabalho, a disciplina, o ensino, a instrução religiosa e a educação patriótica), ministrados com justiça e humanidade, poderia o Campo de Trabalho atingir os fins para que foi instituído[131]. No entanto, em termos mais práticos, a vida prisional dos presos políticos africanos decorria sob o signo da repressão física e da violência real e simbólica imprimida pelo rigor das medidas de segurança; por outro lado, não podemos deixar de salientar que, o desfecho desta epopeia repressiva veio demonstrar que a suposta ideia de "regeneração" dos presos, mediante a educação patriótica, não passava de uma miragem, sempre passível de ser desafiada por uma modalidade de resistência marcada pelo silêncio e por uma certa invisibilidade.

A seguir à portaria do Ministério do Ultramar que instituía o Campo de Trabalho de Chão Bom, tratou-se então da questão da tomada de medidas de segurança julgadas necessárias para a guarda do Campo e dos presos. No dia 18 do mês de Junho de 1961 tinha chegado à Província de Cabo Verde, no navio *Alfredo da Silva*, um pelotão de infantaria do comando de um tenente. O dito pelotão, constituído por três sargentos e vinte e seis praças, destinava-se ao Campo de Trabalho no Tarrafal, a fim de fazer guarda aos presos que seriam ali internados[132]. Aquando da visita do primeiro Director do Campo ao Tarrafal, a 22 de Setembro de 1961, o pelotão de segurança já se encontrava instalado no Campo de Chão Bom.

Parecia tão urgente o envio de presos para o recém-instituído Campo de Trabalho que, de imediato, entre o então Ministro do Ultramar, Adriano Moreira, e o então Governador de Angola, Venâncio Augusto Deslandes, ficou manifesta esta preocupação; este último informou ao Ministro do

---

[131] IAN/TT, Arquivo da PIDE/DGS, Governo Provincial de Cabo Verde, Campo de Trabalho de Chão Bom, Processo n.º 3, 1961-1964, Informação, Proposta e Relatórios, 1.ª Pasta, *Regulamento do Campo de Trabalho de Chão Bom*, fl. 73.

[132] IAN/TT, Arquivo da PIDE/DGS, Serviços Centrais, Campo de Trabalho de Chão Bom, Processo n.º 754/61-SR, NT.3075, *Informação*, Praia, 20 de Junho de 1961, fl. 335.

Ultramar que, de harmonia com o que este tinha determinado, se estava a providenciar para que alguns presos detidos à ordem da PIDE, em Luanda, seguissem para o Campo de Trabalho de Chão Bom. No entanto, o mesmo Governador não deixou de levantar algumas dúvidas legais e alertar ao então Ministro do Ultramar sobre o seguinte: "a remoção desses detidos e o seu posterior internamento no Campo de Trabalho de Chão Bom – sem prévio julgamento ou simples formulação de culpa – são actos que, salvo melhor opinião, não têm cobertura legal"[133]. Para o Governador Deslandes, afigurava--se inteiramente legal promover a remoção dos detidos para a Metrópole, onde os respectivos processos seguiriam os seus termos ulteriores, uma vez que, caso o internamento no Campo de Trabalho de Chão Bom se processasse à margem das normas legais vigentes, alguns detidos, pela sua situação económica e social, poderiam lançar mão da providência extraordinária do "habeas corpus", criando assim uma situação administrativa difícil e politicamente indesejável. Isto representava a problemática da realidade do internamento de presos políticos no Campo de Chão Bom, muitos deles impostos sem a prévia definição da responsabilidade criminal, sem julgamento, e sujeitos à prorrogação de medidas de internamento por tempo indeterminado, de seis meses a três anos, após o cumprimento da pena.

No entanto, é de salientar que a primeira leva de presos políticos angolanos chegou a Cabo Verde a 25 de Fevereiro de 1962, condenados pelas autoridades coloniais ao internamento forçado no Campo de Trabalho de Chão Bom, por práticas de actividades "subversivas" em Angola. Contava um total de cerca de trinta e um presos (31), transportados de Angola num avião militar até à ilha do Sal donde seguiram, de imediato, embarcados do porto da Palmeira, no navio "FOGO", para o porto da vila do Tarrafal. Todas as diligências na ilha do Sal foram acompanhadas pelo agente da subdelegação da PIDE de Cabo Verde, Virgílio de Oliveira, e no Tarrafal pelo agente Eurico Páscoa Geraldo. Para o transporte dos trinta e um presos foram efectuadas duas viagens, entre os dias 25 e 26 de Fevereiro, do porto da

---

[133] IAN/TT, Arquivo da PIDE/DGS, Serviços Centrais, Campo de Trabalho de Chão Bom, Processo n.º 754/61-SR, NT.3075, *Comunicado do Governador-Geral de Angola ao Ministro do Ultramar*, Luanda, 17 de Agosto de 1961, fls. 324-326.

Palmeira ao porto do Tarrafal, sendo cada uma delas com metade de presos e metade dos guardas da PSP que os acompanhavam desde Angola; guardas esses que, depois do internamento dos presos, seguiram viagem de regresso para aquela província[134].

O segundo semestre de 1962 ficou marcado pela visita do então Ministro do Ultramar Adriano Moreira à Província de Cabo Verde. Foi durante esta visita que o mesmo Ministro nomeou o então Director do Campo, José Pedro Queimado Pinto, para o cargo de governador do distrito em Angola. Consta ainda que o referido Ministro efectuou uma visita ao Campo de Trabalho de Chão Bom e determinou que os presos passassem a trabalhar, pagando-se o que era normal pagar aos trabalhadores do campo[135]. Entretanto, o *Boletim Geral do Ultramar*, enquanto órgão oficial do regime, refere a visita do Ministro Adriano Moreira ao concelho do Tarrafal (acentuando a sua passagem pelo gabinete do presidente da Câmara, a sua visita aos edifícios públicos e às obras em curso na região), mas em nenhum momento alude concretamente à sua passagem pelo Campo de Trabalho de Chão Bom[136]. Poderá a omissão (propositada ou despropositada) deste pormenor ser questionada, como parte das margens silenciadas, interditas ao conhecimento público, tendo em conta que o regime mantinha internados naquele Campo vários presos políticos anticolonialistas?

A segunda leva de presos internados no Campo de Chão Bom data de 2 de Setembro de 1962 e era constituída por uma centena de prisioneiros políticos guineenses, considerados "indivíduos perigosos", que tinham sido enviados para aquele Campo sem qualquer documentação. Para as autoridades coloniais tornava-se necessário afastar da Província da Guiné o grande número de elementos do PAIGC (Partido Africano da Independência da Guiné e de Cabo Verde) que aí se encontravam, através do internamento

---

[134] IAN/TT, Arquivo da PIDE/DGS, Serviços Centrais, Campo de Trabalho de Chão Bom, Processo n.º 754/61-SR, NT.3075, *Relatório*, Praia, 27 de Fevereiro de 1962, fls. 305-308.

[135] IAN/TT, Arquivo da PIDE/DGS, Serviços Centrais, Campo de Trabalho de Chão Bom, Processo n.º 754/61-SR, NT.3075, *Informação da Subdelegação da PIDE Cabo Verde para o Director-Geral da PIDE Lisboa*, Praia, 28 de Agosto de 1962, fl. 297.

[136] *Boletim Geral do Ultramar*, n.º 446/447, Ano XXXVIII, Agosto/Setembro, Lisboa, Agência Geral do Ultramar, 1962, pp. 61-63.

dos mesmos no Campo de Trabalho de Chão Bom. Os presos foram então transportados da Guiné para Tarrafal, no navio *África Ocidental*. Desde a reclusão dos primeiros presos angolanos, tinha-se gerado algum receio em relação à permanência de presos políticos em Cabo Verde: já aquando da chegada dos primeiros presos angolanos ao Campo de Trabalho, a subdelegação da PIDE em Cabo Verde advertiu Lisboa que o internamento dos referidos presos naquele Campo poderia ser motivo para qualquer "golpe de mão", vibrado por elementos dos "Movimentos de Libertação", que poderiam infiltrar-se em Cabo Verde sem qualquer dificuldade. Com a chegada ao referido Campo de mais cem (100) presos políticos procedentes da Guiné, aumentou o receio e a especulação das autoridades coloniais em relação aos cuidados de segurança, por se considerar que se tratava de gente de uma província vizinha, entendendo para o efeito reforçar a guarnição militar do Campo de Trabalho. Por esta razão, a subdelegação da PIDE em Cabo Verde sugeria que seria de todo conveniente que os presos políticos negros fossem "internados em campos, situados em zonas povoadas por gente branca e alheias às questões políticas do Ultramar"[137]; aquando do internamento dos presos angolanos no Campo de Chão Bom na ilha de Santiago, terão mesmo mencionado que qualquer uma das ilhas do arquipélago açoriano oferecia boas condições para o efeito.

O ano de 1964 marca a entrada e o encerramento no Campo de Trabalho de Chão Bom de mais presos. Tratava-se de António Dias Cardoso, António Jacinto do Amaral Martins e José Vieira Mateus da Graça (Luandino Vieira), condenados por sentença do Tribunal Militar de Angola, de 22 de Julho de 1963, a pena de 14 anos de prisão maior, suspensão de direitos políticos por 8 anos e medidas de segurança de 6 meses a 3 anos. A fundamentação condenatória das autoridades recaía sobre a perspectiva reaccionária segundo a qual estes indivíduos se vinham dedicando a actividades conspirativas, enquadradas no chamado "Movimento Popular de Libertação de Angola –

---

[137] IAN/TT, Arquivo da PIDE/DGS, Serviços Centrais, Campo de Trabalho de Chão Bom, Processo n.º 754/61-SR, NT.3075, *Informação da Subdelegação da PIDE Cabo Verde para o Director-Geral da PIDE Lisboa*, Praia, 10 de Setembro de 1962, fl. 295 e *Informação da PIDE Lisboa para a Subdelegação da PIDE Bissau*, Lisboa, 14 de Setembro de 1962, fl. 296.

MPLA", com vista à secessão de Angola da Mãe Pátria[138]. Os três condenados estavam sob a tutela do poder judicial a cumprir prisão na cadeia comarcã de Luanda, pelo que as autoridades consideravam que eles já se encontravam em condições de serem "removidos" para o Campo de Trabalho de Chão Bom. Por esta razão, ficou previsto que seriam embarcados a bordo do navio *Cuanza*, no dia 31 de Julho de 1964, solicitando-se ao então Governador da Província de Cabo Verde, Leão Sacramento Monteiro, para que este providenciasse no sentido de os referidos reclusos serem aguardados no porto por uma escolta destinada a acompanhá-los àquele Campo de Trabalho. Finalmente, o então Director do Campo, Hélder Lima dos Santos, redige um comunicado datado de 14 de Agosto de 1964, onde ficou explícita a chegada (13 de Agosto de 1964) e o internamento (pelas 19h30) dos referidos presos políticos no Campo de Chão Bom.

Por sua vez, dos Campos de Trabalho de Missombo e de São Nicolau, em Angola, foi transferida em 1965, para o Campo de Trabalho de Chão Bom, uma nova leva de presos angolanos, constituída por elementos considerados do MPLA – Movimento Popular de Libertação de Angola – e da UPA – União das Populações de Angola – sujeitos ao cumprimento de medidas de fixação de residência. Na sequência das averiguações feitas pelas autoridades coloniais acerca das actividades (por elas classificadas de "inconvenientes") a que se dedicavam alguns presos internados nos Campos de Trabalho de Angola (Missombo e São Nicolau), e, após a selecção dos elementos considerados "mais destacados e com responsabilidade política na prática de actividades subversivas", chegou-se a considerar "vantajoso" a transferência dos mesmos para Cabo Verde[139]. A proposta da transferência desses dez (10) presos oscilava entre a possibilidade do seu internamento em Cabo Verde ou no arquipélago dos Açores; mas em conformidade com a proposta de 28 de Setembro de 1965 do então Governador de Angola, Silvério Marques, e do então Ministro do Ultramar, Silva Cunha, os dez

---

[138] IAN/TT, Arquivo da PIDE/DGS, Governo Provincial de Cabo Verde, Campo de Trabalho de Chão Bom, Presos, Trabalhos, Salários, 1991 (Dez. 13) – 1966 (Out. 4), Processo n.º 7, 1.º vol., NT2, fls. 190, 194 e 201-202.

[139] IAN/TT, Arquivo da PIDE/DGS, Serviços Centrais, Campo de Trabalho de Chão Bom, Processo n.º 754/61-SR, NT.3075, fl. 175.

presos acabaram por ser transferidos para o Campo de Trabalho de Chão Bom, em Cabo Verde.

No momento coincidente com a transferência de cinquenta e dois presos políticos guineenses do Campo de Trabalho de Chão Bom para a ilha das Galinhas (Guiné), a 30 de Julho de 1969, deu-se também o embarque e a transferência para Cabo Verde, de mais trinta e quatro (34) presos políticos angolanos[140], condenados ao cumprimento da pena maior e a medidas de segurança no Tarrafal. Os presos foram transportados no navio *Manuel Alfredo*, acompanhados por uma escolta de segurança constituída por um chefe de brigada e seis agentes da subdelegação da PIDE de Angola que, depois, seguiram viagem para Lisboa.

A implacável acção da PIDE em Angola, em 1969, continuou a determinar o aumento do número de detenções e de processos destinados ao banimento de alguns dos condenados das suas sedes de vida livre. É neste quadro político de permanente confronto entre a regulação repressiva colonial e a resistência dos movimentos independentistas, que as autoridades coloniais determinavam o banimento, sob forma de fixação de residência, internamento forçado e aplicação de medidas de segurança aos activistas políticos anti-coloniais, para fora das suas províncias de residência. Por exemplo, em 1969, a delegação da PIDE de Luanda tinha providenciado a prisão e a fixação de residência de cerca de dezoito (18) indivíduos no Campo de Chão Bom, por ter detectado que os mesmos faziam parte de uma comissão de apoio à UNITA – União Nacional para a Independência Total de Angola. A comissão foi detectada pela polícia em Junho de 1969, no Luso – Angola e, aos olhos das autoridades coloniais, era vista e categorizada como sendo um "poderoso comité político-subversivo-terrorista, de apoio ao movimento clandestino denominado «UNITA»"[141]. Segundo o poder colonial, a imputação criminal à referida comissão incidia na acusação de (*I*) ter mantido contactos directos

---

[140] IAN/TT, Arquivo da PIDE/DGS, Serviços Centrais, Campo de Trabalho de Chão Bom, Processo n.º 754/61-SR, NT.3075, *Informação da PIDE Angola dirigida à PIDE Lisboa*, Luanda 31 de Julho de 1969, folha 135; *Telegrama* 9/8/69, fl. 132; *Telegrama* 30/7/69, fl. 138.

[141] IAN/TT, Arquivo da PIDE/DGS, Serviços Centrais, Campo de Trabalho de Chão Bom, Processo n.º 754/61-SR, NT.3075, *Proposta da Delegação da PIDE Luanda dirigira ao Governador--Geral de Angola*, Luanda, 13 de Agosto de 1969, fl. 122.

com os principais chefes "terroristas" da aludida organização, (*II*) trabalho de aliciamento e doutrinação das massas populares, (*III*) recrutamento de indivíduos militares ou ex-militares para se incorporarem, como combatentes, nas fileiras do movimento em causa, e (*IV*) recolha de fundos, roupas, géneros alimentícios, remédios, munições, etc., destinados ao apoio daquela organização política. As autoridades fundamentavam ainda a acusação dos dezoito indivíduos do referido "comité", com base no argumento de que eles estavam a fazer estender as suas actividades para outros distritos como Silva Porto e Nova Lisboa, onde tinham recrutado agentes "subversivos" para proceder ao aliciamento das populações e à recolha de fundos, tendo assim conseguido aliciar cerca de cento e setenta (170) indivíduos, entre homens e mulheres. Na sequência do citado, o então Director provincial da PIDE de Luanda, Abílio Alcarva, formulou, de forma radical e sumária, o discurso da acusação e imputação da responsabilidade política e criminal nos seguintes termos: "Os 18 detidos em questão, todos fortemente imbuídos de ideais anti-portugueses, conscienciosamente e em plena liberdade, desenvolveram intensa actividade político-subversiva, contribuindo altamente para o prolongamento da luta que a organização terrorista «UNITA» trava contra a presença portuguesa em Angola. Indivíduos de tal jaez que, conscientemente, praticaram tão nefastas actividades delituosas contra a Pátria que lhes serviu de berço, não poderá a Lei ser complacente perante os delitos que cometeram"[142]. Os dezoito detidos foram considerados como os principais "orientadores" e "condenadores" do "comité", ficando então metodicamente discriminados por ordem decrescente das suas responsabilidades políticas. De entre eles, Eduardo Jonatão Chingunji, ex-professor primário, era apontado e acusado pelo então director provincial da PIDE de Luanda, Abílio Alcarva, como o principal responsável por toda a "subversão". Assim, enunciada a partir de uma posição despótica, o Director provincial da PIDE de Luanda propunha ao Governador de Angola a punição de alguns dos detidos por via administrativa, sujeitando-os a uma medida de fixação de residência para outro território, transferindo-os para Cabo Verde. O despacho desta proposta foi exarado nos termos de fixação de residência em Chão Bom, Cabo Verde,

---

[142] *Ibidem*, fl. 122-124.

por um período de doze anos, a Eduardo Jonatão Chingunji e por um período de dez anos aos restantes indivíduos.

Na esteira da ordem e da repressão colonial, a permanência em Angola desses dezoito indivíduos[143] afigurava-se "altamente perniciosa", tal como a de outros anticolonialistas africanos, cujo preço da militância política e cívica anticolonial tinha sido retribuído com a violência repressiva dos campos de trabalho instituídos pelo Estado Novo. Tudo isso porque, no trilho das ideias explicitadas por Michael Hardt e Antonio Negri, o colonialismo e as suas representações colonialistas do colonizado assentavam numa luta violenta que tinha de ser constantemente renovada[144]. Daí que, politicamente, a noção de indivíduos considerados "altamente perniciosos" pode ser interpretada como um reflexo dessa necessidade de luta violenta, constantemente renovada pelo sistema de repressão colonial, até como forma de manter-se (enquanto sistema) e continuar a definir as normas que regulam as relações desiguais de poder. Assim, a partir do momento em que a linguagem política se define por uma (determinada) ideologia, ela torna-se num instrumento discursivo aparentemente legítimo de justificação da aplicação de uma política ou medida repressiva contra aqueles que são vistos e considerados como inimigos. Daí que, por referência à questão de ideias políticas e de posições ideológicas, muitos anticolonialistas acabavam por ser transformados em criminosos políticos, por definição arbitrária do próprio regime, neste caso do poder colonial.

Não podemos deixar de sublinhar que, à margem dos preceitos que sustentam as práticas discursivas coloniais materializadas nas relações de dominação, qualquer movimento alternativo era encarado como sendo "terrorista", "subversivo" ou "inconveniente" à ordem da regulação colonial. Contudo, quando submetidas a uma análise crítica e rigorosa, estas representações coloniais acabam por corroborar a posição segundo a qual o colonialismo constrói figuras de alteridade e impõe as suas (di)visões

---

[143] IAN/TT, Arquivo da PIDE/DGS, Serviços Centrais, Campo de Trabalho de Chão Bom, Processo n.º 754/61-SR, NT.3075, *Proposta da Delegação da PIDE Luanda dirigida ao Governador-Geral de Angola*, Luanda, 13 de Agosto de 1969, fls. 122-124.

[144] Hardt & Negri, 2004, p. 150.

binárias ao mundo colonial, de tal modo que "o colonizador produz o colonizado como negação, mas, por meio de uma inflexão dialéctica, a identidade colonizada e negativa é, por sua vez, negada para fundar o si-próprio positivo do colonizador"[145]. Aliás, Frantz Fanon já tinha alertado, de forma explícita, para o facto de o mundo colonial ser um mundo cortado em dois[146]. Daí que o colonialismo, enquanto sistema de relações desiguais de poder, requeria a violência (real e simbólica) e requeria o "confronto com o Outro a fim de experimentar e manter o seu poder, e a fim de o refazer sem interrupção. O estado de guerra generalizado que subjaz em permanência às representações coloniais não é acidental nem involuntário – a violência é o fundamento necessário do próprio colonialismo"[147].

Era também com base nessa lógica, assente numa repressão constantemente renovada, que os Directores do Campo de Trabalho de Chão Bom, após o cumprimento da pena principal dalguns presos, propunham a aplicação (e//ou a prorrogação) de medidas de segurança àqueles que consideravam ainda não recuperados ou irrecuperáveis; ou ainda àqueles cujo retorno e presença nas suas sedes de origem social e política eram considerados perniciosos. Por isso, em termos gerais, podemos afirmar que, tanto o processo de transferência e do constante trânsito forçado dos presos para as diferentes prisões, como também a elasticidade dos anos de internamento sob a aplicação e/ou prorrogação de medidas de segurança após o cumprimento da pena principal, caracterizava (em parte) esta luta repressiva, constantemente renovada através da confrontação do condenado com a força do poder e o poder da força que o regime tentava exercer sobre ele. Ou seja, é como se tudo isto constituísse uma das formas de encenação da força moral e material do Estado Novo sobre os presos, de modo a fazê-los acreditar, através do sofrimento provocado pelos sucessivos anos de internamento forçado, na eventual ideia de inutilidade dos seus esforços de luta, perante essa mesma força moral e material do regime.

---

[145] *Ibidem*, pp. 149-150.

[146] Fanon, 2002, p. 41.

[147] Hardt & Negri, 2004, p. 150.

Em 1969, no prosseguimento das acções de desmantelamento de uma organização de apoio clandestino à UNITA (considerada também pelas autoridades coloniais como organização "político-subversiva-terrorista"), a PIDE efectuou, na cidade do Luso e arredores, cerca de vinte e cinco prisões (25) de elementos africanos. A acusação desses elementos presos assentava na justificação de terem mantido contacto directo com os chefes da UNITA, de terem politizado as massas e recolhido apoios com vista a intensificar e prolongar a luta armada contra os Portugueses e, por consequência, para conseguirem a independência de Angola. Propunha-se então o afastamento dos mesmos com punição por via administrativa e sujeição a uma medida de fixação de residência nos pontos distantes das suas sedes de vida livre. Dos vinte e cinco condenados, os sete primeiros foram considerados de maior responsabilidade, pelo que parecia ser de todo pertinente o seu afastamento para outras paragens do território ultramarino; aos restantes, propunha-se a sua transferência para o destino que fosse determinado. Assim, por despacho de 23 de Dezembro de 1969, ficou estabelecido que os sete primeiros seriam transferidos para o Campo de Trabalho de Chão Bom, Cabo Verde, onde lhes foi fixada a residência; aos outros dezoito foi fixada residência no Campo de S. Nicolau, em Angola[148]. Portanto, considerando os dezoito primeiros condenados (em Agosto de 1969), mais estes sete últimos (de Dezembro 1969), totaliza-se um número de vinte e cinco (25) presos políticos angolanos, embarcados no navio *Manuel Alfredo* e deportados para o internamento no Campo de Chão Bom, em Março de 1970.

A constante vigilância da polícia política e da repressão colonial continuaram ainda neste mesmo período de 1970, com a formulação de processos de condenação de mais angolanos enviados para o Campo de Chão Bom, sob a justificação retórica de prática de actividades contra a segurança do Estado. É nesta lógica que a delegação de Luanda tinha instruído um processo-crime contra cerca de catorze indivíduos angolanos, simplesmente, por se considerar que faziam parte de uma organização reputada de "marxista-

---

[148] IAN/TT, Arquivo da PIDE/DGS, Serviços Centrais, Campo de Trabalho de Chão Bom, Processo n.º 754/61-SR, NT.3075, *Secreto Informação–Proposta*, Luanda, 20 de Dezembro de 1969, fls. 119-121; *Informação* PIDE Luanda, 4 de Março de 1970, fl. 117.

leninista", de apoio ao MPLA, em Luanda, denominada de «CRL» (Comité Regional de Luanda), cujos elementos se dedicavam à doutrinação das populações urbanas e suburbanas, consciencializando-as no sentido de se integrarem na luta que o referido movimento travava em Angola pela sua independência. Nos termos definidos pelo então Governador-Geral de Angola, Camilo Augusto de Miranda Rebocho Vaz, tratava-se de indivíduos considerados "evoluídos" e "fortemente mentalizados" no ideal marxista-leninista e de independência e com preponderância no meio africano da cidade de Luanda. Assim, o referido Governador propunha ao então Ministro do Ultramar, Silva Cunha, que lhes fixasse residência em Cabo Verde, no Campo de Trabalho de Chão Bom, por período de tempo, metodicamente discriminado, de seis, oito e dez anos de internamento. Por despacho do Ministro do Ultramar, de 9 de Abril de 1970, ficou determinada a proposta: a catorze indivíduos tinha sido fixada residência no Campo de Chão Bom, por um período que ia dos seis aos dez anos de prisão. Os presos condenados foram então embarcados de Angola no *Manuel Alfredo* para a ilha de São Vicente (Cabo Verde), seguindo viagem posteriormente num vaso de guerra nacional para o porto do Tarrafal, onde desembarcaram no dia 14 de Maio desse mesmo ano, 1970, tendo sido imediatamente internados no referido Campo[149].

Na continuidade do cortejo das vítimas da repressão colonial, foram desembarcados ainda no ano seguinte, a 8 de Junho de 1971, no porto da cidade da Praia (ilha de Santiago) mais dois (2) presos políticos procedentes da Guiné – Sambel Balde e Xerifo Camarah – que seguiram para o Tarrafal para o cumprimento da prisão sob a aplicação de medidas de fixação de residência no Campo de Trabalho[150]. Finalmente, podemos considerar que o processo de internamento dos presos anticolonialistas no Campo de Chão Bom representava uma modalidade político-repressiva assente no sistema de banimento e encerramento dos condenados em prisões especiais como meio

---

[149] IAN/TT, Arquivo da PIDE/DGS, Serviços Centrais, Campo de Trabalho de Chão Bom, Processo n.º 754/61-SR, NT.3075, *Proposta*, Luanda, 3 de Abril de 1970, fls. 103-105; *Informação*, Luanda, 30 de Abril de 1970, fl. 95B; *Relatório*, Chão Bom, 14 de Maio de 1970, fls. 91-92.

[150] IAN/TT, Arquivo da PIDE/DGS, Serviços Centrais, Campo de Chão Bom, Processo n.º 754/61-SR, NT.3075, *Informação Confidencial*, DGS/Delegação de Cabo Verde, Praia, 6 de Julho de 1971, fl. 75.

de tentar obviar as transgressões políticas contra o regime e as dinâmicas posições públicas de luta e militância anticoloniais. Em síntese, e numa tentativa de reconstituição do movimento das levas, entradas e internamento de presos, podemos assegurar que, entre 1962 e 1971, passaram pelo Campo de Chão Bom cerca de mais de duas centenas (219) de presos políticos angolanos e guineenses, sendo o maior número de levas constituído por angolanos[151].

| Mês/Ano | Presos Políticos Angolanos | Presos Políticos Guineenses |
|---|---|---|
| Fevereiro/1962 | 31 | |
| Setembro/1962 | | 100 |
| Agosto/1964 | 3 | |
| Setembro/1965 | 10 | |
| Julho/Agosto/1969 | 34 | |
| Março/1970 | 25 | |
| Maio/1970 | 14 | |
| Junho/1971 | | 2 |
| **Total** | **117** | **102** |

Estes dados do quadro referem-se exclusivamente ao movimento de entrada de presos políticos angolanos e guineenses, entre 1962 e 1971, o que significa, primeiramente, que eles representavam a maioria do contingente prisional encerrado no Campo de Chão Bom; a reclusão de presos políticos cabo--verdianos naquele Campo só começa a ganhar alguma expressividade a partir de 1971, embora sempre em número significativamente inferior ao dos presos angolanos e guineenses.

## O cortejo dos presos políticos cabo-verdianos para o Tarrafal

Aquando da formalização legal, em Junho de 1961, da reutilização da prisão do Tarrafal, esta encontrava-se a funcionar como presídio da Província

---

[151] Por exemplo, Mateus, 2003, p. 127, assegura que, ao todo, teriam sido 107 os angolanos e 109 os guineenses que passaram pelo Tarrafal. Cf. ainda pp. 141-142 e pp. 145-147. Portanto, independentemente dos registos, importa frisar que pelo Campo de Trabalho passaram mais de duas centenas de presos.

de Cabo Verde. Isto é, o espaço da extinta colónia penal do Tarrafal foi reutilizado pelo governo da Província de Cabo Verde como presídio para o internamento de presos nacionais de delito comum, condenados a penas maiores pelas comarcas da província. Em 1961, aquando da missão de averiguação das condições de instalação dos serviços da direcção do Campo, José Pedro Queimado Pinto salienta, na sua primeira *Informação*, que no Campo de Trabalho se encontravam instalados "presos judiciais condenados a pena maior pela Comarca de Sotavento, com o respectivo pessoal administrativo e de segurança: um administrador, um ecónomo e os guardas"[152]. No interior do Campo de Trabalho, onde funcionava o presídio da província, encontravam-se, em 1961, cerca de sessenta e seis reclusos de delito comum da Província a cumprir penas maiores. A defesa estava assegurada por nove (9) guardas, também naturais de Cabo Verde, juntamente com o respectivo pessoal administrativo[153]. Aliás, o primeiro Director do Campo, José Pedro Queimado Pinto, não deixou de confrontar o então Governador da Província, Silvério Marques, com a existência de presos de delitos comum da província internados no Campo de Trabalho, cuja permanência ali poderia gerar um perverso ambiente de contacto entre estes e os presos políticos que seriam brevemente trasladados para o mesmo Campo. Contudo, os presos de delito comum da província permaneceram ali internados. No entanto, a direcção do Campo acautelava-se sempre pela sistemática separação e distanciamento dos mesmos em relação aos presos políticos de Angola e da Guiné. Aliás, a condenação política constituía um factor de separação e de distanciamento entre as diferentes categorias de presos. Por esta razão, a direcção do Campo impunha uma escrupulosa disciplina aos reclusos, de modo a evitar o contacto entre os presos políticos e os de delito comum; por isso, os presos políticos cabo-verdianos ficavam separados dos de Angola e da Guiné.

---

[152] IAN/TT, Arquivo da PIDE/DGS, Governo Provincial de Cabo Verde, Campo de Trabalho de Chão Bom, Processo n.º 3, 1961-1964, Informação, Proposta e Relatórios, 1.ª Pasta, *Província de Cabo Verde Campo de Trabalho de Chão Bom Informação n.º 1/61*, fl. 97.

[153] IAN/TT, Arquivo da PIDE/DGS, Governo Provincial de Cabo Verde, Campo de Trabalho de Chão Bom, Processo n.º 7, 1.º vol., Presos Trabalhos, Salários, 1961 (Dez. 13) – 1966 (Out. 4), NT.2, *Campo de Trabalho de Chão Bom Informação* n.º 4/961, 13 de Dezembro de 1961, fl. 518.

Segundo Pedro Martins, desde o início e decorrer da década de sessenta, as autoridades coloniais tinham encerrado, na cadeia civil da cidade da Praia, alguns indivíduos como Lucílio Braga Tavares, em Maio de 1961; posteriormente, em 1968, Fernando dos Reis Tavares (Toco) e seus companheiros José Querido (Zequi), Emanuel Braga Tavares (Shanon), Gil Querido Varela (Kid) e José Aguiar Monteiro (Zézé) foram presos, torturados, e só julgados dois anos mais tarde. Foi através da visita a esses presos, na cadeia civil da Praia, que o autor acima referido declara ter conhecido outros presos políticos (Lineu Miranda, Luís Fonseca, Carlos Tavares e Jaime Schofield)[154] que mais tarde seriam enviados para o Tarrafal, como veremos mais adiante. O internamento na cadeia civil da Praia era caracterizado por interrogatórios, torturas físicas e psicológicas e pela formulação dos processos de condenação. Ou seja, a permanência na cadeia civil constituía um momento de trânsito entre a formulação da condenação e a definição sempre provável do destino último de cumprimento da pena: Campo de Trabalho de Chão Bom.

Apesar dos presos de delito comum da Província terem sido internados no presídio da Província em Chão Bom, as providências necessárias para a reclusão de presos políticos cabo-verdianos tinham que obedecer à natureza do regime prisional e ao princípio de separação. Em Março de 1970, as autoridades coloniais do arquipélago tentaram decidir quanto ao internamento de quatro presos políticos cabo-verdianos. Contudo, para o Director do Campo, Eduardo Vieira Fontes, parecia de todo inconveniente o internamento de presos políticos cabo-verdianos na parte onde funcionava o presídio de Chão Bom: primeiro, devido à impossibilidade de os manter separados dos presos de delito comum por motivos de carência de instalações; segundo, devido à oportunidade que uma vida em comum entre diferentes categorias de presos oferecia para a doutrinação política, uma vez que havia presos de delito comum de várias ilhas que, terminado o cumprimento das suas penas, estavam a ser libertados, o que poderia facilitar a expansão de ideias políticas no arquipélago. Nesta altura, Março de 1970, encontravam-se encerrados no presídio da Província, em Chão Bom, cinquenta e dois (52) presos cabo-verdianos de delito comum, ocupando as duas únicas casernas

---

[154] Martins, 1990, p. 109 e p. 126.

existentes e fazendo vida em comum, por não existirem celas individuais para além das quatro, destinadas ao cumprimento de sanções disciplinares. Por esta razão, o Director do Campo propunha que os quatro condenados políticos cabo-verdianos fossem internados nas instalações do Campo de Trabalho nas mesmas condições que outros reclusos doutras províncias, concorrendo assim a Província de Cabo Verde com as despesas acarretadas pelo internamento. Esta parecia ser uma solução necessária, uma vez que se previa que pudessem vir a aumentar o número de presos políticos cabo-verdianos. Finalmente ficou acordado que o Director do Campo de Trabalho providenciaria para que os presos ficassem em instalações diferentes daquelas onde se encontravam os presos vindos de outras províncias, adoptando também medidas para que entre ambas as partes não houvesse quaisquer contactos, até mesmo no que se referia à permanência no refeitório ou nos recintos de recreio e de instrução. Assim, no dia 26 de Março de 1970, foram transportados para o Campo de Trabalho de Chão Bom quatro presos políticos cabo-verdianos: Carlos Lineu S. Miranda, Carlos A. Dantas Tavares, Jaime B. H. Soifer Schofield e Luís de Matos Monteiro da Fonseca[155].

Os presos políticos transferidos para o Tarrafal eram aqueles que as autoridades coloniais consideravam ser de maior responsabilidade política; embora não pareça descabido aventar a hipótese de que, também na cadeia civil da cidade da Praia, permanecessem presos suspeitos de serem militantes politicamente comprometidos com a contestação e a resistência anticolonial. Uma outra realidade era constituída por indivíduos constantemente perseguidos pela PIDE por se encontrarem nas margens clandestinas dos centros ou das periferias da cidade e do campo (no interior da ilha de Santiago, por exemplo) a desenvolverem actividades de mobilização política anticolonial, distantes da omnipotente fórmula *vigiar e punir* da polícia política (PIDE/DGS). A mobilização política, na clandestinidade, constituía uma das formas de corroer e abalar as bases da dominação colonial, fomentando a luta nas margens da política e da ordem hegemónica colonial. Do ponto de vista da tradição revolucionária podemos dizer que, em parte,

---

[155] IAN/TT, Arquivo da PIDE/DGS, Serviços Centrais, Campo de Trabalho de Chão Bom, Processo n.º 54/61-SR, NT.3075, *Informação-Proposta*, fls. 96-97 e 98-99.

a clandestinidade dos anticolonialistas pode ser lida e interpretada à luz da alegoria da toupeira e das galerias subterrâneas referida por Marx: das suas galerias subterrâneas, a toupeira irrompe à superfície em períodos de luta de classes declarada e retira-se, depois, escondendo-se na terra, não para hibernar passivamente, mas para escavar os seus túneis, deslocando-se ao compasso do tempo e rasgando as suas galerias no sentido da história, de maneira a voltar à superfície sempre que se deparasse uma boa ocasião[156].

Na implacável acção da polícia política no combate à mobilização clandestina anticolonial, as buscas e as prisões às casas de alguns indivíduos considerados suspeitos decorriam de forma sigilosa mas, ao mesmo tempo, pública de modo a servir como meio de dissuasão e intimidação das posições públicas contra o regime, disseminando o medo e o assombro da repressão policial. A violência preventiva (diga-se também simbólica), marcada pela presença e vigilância constante da PIDE nas ruas, era complementada pela violência punitiva directa contra aqueles que eram apanhados em actividades consideradas político-conspirativas, contra a ordem colonial. Em resultado das prisões e detenções, encontravam-se internados no Campo de Trabalho de Chão Bom, entre Maio e Setembro de 1970, cerca de sete (7) presos políticos de Cabo Verde. Ou seja, para além dos nomes dos quatro presos internados em Março de 1970, a relação de visitas autorizadas aos familiares dos presos políticos de Cabo Verde aponta mais três nomes de presos visitados entre Maio e Setembro de 1970: Gil Querido Varela, Fernando dos Reis Tavares e José Maria Ferreira Querido[157].

A vigilante acção da polícia política procurava sempre desmantelar algumas redes de indivíduos envolvidos em actividades de militância e de mobilização política das massas, com maior acção no interior da ilha de Santiago ou na cidade da Praia; ou ainda grupos envolvidos em acções concretas de conspiração, tal como foi o caso do assalto ao navio/motor *Pérola do Oceano*. Este assalto deu-se a 20 de Agosto de 1970, quando um

---

[156] *Apud* Hardt & Negri, 2004, p. 77.

[157] Cf. IAN/TT, Arquivo da PIDE/DGS, Gov. Prov. de Cabo Verde, Campo de Chão Bom, Proc. 4 e 5, Material de Guerra/Recrutamento de Guardas Auxiliares 1963 (Abr. 30)-1974 (Dez. 11), NT.1, *Presídio de Chão Bom Relação de Visitantes*, fls. 120, 124, 126, 130, 132.

grupo constituído por cerca de doze indivíduos armados tentou tomar de assalto o referido navio que fazia ligações marítimas inter-ilhas, desviando o rumo do barco em direcção ao Senegal com o objectivo de trazer armas para um futuro desembarque político-militar em Cabo Verde. Para além das intenções da investida se terem malogrado, o assalto teve também como consequência a morte de um tripulante e a prisão dos assaltantes[158]. O assalto ao *Pérola do Oceano* serviu de móbil para as autoridades coloniais reforçarem a vigilância e a repressão na ilha de Santiago, o que teve como consequência a prisão de alguns indivíduos em Santa Catarina, como Aguinaldo Reis Bernardino, Nho Vitorino Fontes «Mercano», Fidjinho Rosa, Puxim Cabral, Eugénio d'Ilídio, Nevis Didi e Neni Belém[159], e outros como Pedro Martins, que não participou no assalto mas que clandestinamente desenvolvia trabalhos de mobilização política no seio dos camponeses de Santa Catarina. Pedro Martins, desde muito jovem, ingressou nas fileiras do PAIGC e estava politicamente engajado com as actividades clandestinas desse partido no interior de Santiago, particularmente em Santa Catarina, de modo que a sua prisão deu-se imediatamente após o malogro do assalto ao *Pérola*. Porém, apesar do assalto ter saído frustrado e a clandestinidade em Santa Catarina ter sido reprimida com a prisão de alguns dos seus elementos mais destacados, não podemos deixar de sublinhar que este período foi caracterizado por uma intensa actividade repressiva: efectuaram--se "as primeiras prisões de camponeses por motivos políticos. Nessa altura seriam presos cerca de 30 camponeses de Sta. Catarina"[160].

Foi também na sequência do assalto ao *Pérola do Oceano* que se deu a prisão e a entrada da maior leva de presos políticos cabo-verdianos no Campo de Trabalho de Chão Bom. Ou seja, embora já existissem alguns presos políticos cabo-verdianos internados naquele Campo desde 1970, foi, no entanto, em 1971 que se efectivou a reclusão de um número significativo

---

[158] Cf. IAN/TT, Arquivo da PIDE/DGS, Delegação de Cabo Verde, Processo n.º 183/SR Diversos, *Assalto ao Navio Motor Pérola do Oceano*, NT.5411, 187fls; ver também Martins, 1990, pp. 60-67.

[159] Cf. Martins, 1990, pp. 24 e 27.

[160] *Ibidem*, p. 108. Sobre a questão da mobilização clandestina anticolonial em Cabo Verde ver ainda Pereira, 2002, pp. 149-171; Querido, 1989.

de anticolonialistas cabo-verdianos por motivos políticos. Foram treze indivíduos, constituindo assim a maior leva de presos políticos cabo-verdianos de que há memória, enviados de uma só vez para o Tarrafal: Ivo Pereira, "O Fefa"; Sérgio dos Reis Furtado, "O Sérgio Pereira"; Ananias Gomes Cabral, "O Gote"; António Pedro da Rosa; Luís Furtado Mendonça; João Augusto Divo Macedo, "O João da Praia"; Martinho Gomes Tavares; Alberto Sanches Semedo; Joaquim Mendes Correia; Juvêncio da Veiga, "O Dissanto"; Arlindo Gomes dos Reis Borges; Eugénio Borges Furtado, "O Eugénio de Dilidio"; e Pedro Rolando dos Reis Martins, "O Pedrinho"[161]. Eram, na sua maioria, indivíduos politicamente militados e comprometidos com a causa anticolonial, ligados directa ou indirectamente ao processo do assalto ao *Pérola do Oceano*, verificado em Agosto de 1970.

O internamento desses condenados políticos no Tarrafal deu-se a 24 de Março de 1971, após a transferência dos mesmos da cadeia civil da Praia para o Campo de Chão Bom. Os presos foram internados sem julgamento, por simples ordem do Tribunal Militar Territorial de Cabo Verde. No interior do Campo, o cortejo das vítimas é-nos descrito por Pedro Martins nos seguintes termos: "tendo passado pelas formalidades da praxe: identificação, revista em pormenor do corpo e das maletas, distribuição de pratos e lençóis, leitura das normas, conduziram-nos como um rebanho a domesticar para a parte caboverdiana do complexo, à esquerda de quem entrava. Por incrível que pareça, foi preciso passar por quatro portões, por um número grande de tropas, polícias e guardas auxiliares a fim de nos abrirem mais uma porta, a da nossa cela, a n.º 3"[162]. Estes presos compartilhavam a cela com os demais presos políticos cabo-verdianos, anteriormente condenados pelo Tribunal Militar ao cumprimento das penas no Tarrafal. Contudo, não podemos esquecer que a total separação e distanciamento dos presos políticos em relação aos de delito comum era o que caracterizava e diferenciava a vida carcerária dos reclusos no Campo de Trabalho de Chão Bom.

---

[161] IAN/TT, Arquivo da PIDE/DGS, Governo Provincial de Cabo Verde, Campo de Trabalho de Chão Bom, Processo 4 e 5, Material de Guerra/Recrutamento de Guardas Auxiliares 1963 (Abr. 30) - 1974 (Dez. 11), *PIDE Subdelegação de Cabo Verde*, Praia, 26 de Março de 1971, fl. 94.

[162] Martins, 1990, pp. 148-149.

A vida dos presos políticos naquele Campo decorria sob as condições de uma total repressão, como veremos noutra parte deste trabalho: isolamento, deficientes condições de assistência médica e alimentares, a obrigatoriedade do preso rogar, ao Director do Campo, sempre por escrito, qualquer solicitação, por mais básica que seja a necessidade da sua condição humana[163], limitações das visitas e das correspondências, das informações (jornais, livros, etc.). A acrescentar a estas restrições estava também a imposição da repressão simbólica, caracterizada pela obrigatoriedade dominical dos presos se organizarem em posição de sentido, no pátio do Campo, para assistirem e participarem na liturgia cívica e política do içar da bandeira portuguesa. Este acto inscrevia-se no quadro daquelas encenações cívicas e políticas, passíveis de serem enquadradas no âmbito da ideia de educação patriótica que se almejava impor aos presos internados, materializando assim um dos preceitos ordenados pelo *Regulamento do Campo de Trabalho*. Para os presos políticos, a bandeira portuguesa representava a imagem da continuidade da dominação colonial, cuja subserviência eles tinham recusado aceitar, e um símbolo da opressão, cujo significado tinham também categoricamente recusado glorificar, venerar e sacralizar. Por esta razão, a obrigatoriedade de assistir todos os domingos ao acto litúrgico de içar e prestar culto à bandeira portuguesa no Campo de Trabalho de Chão Bom, transportava e veiculava toda uma violência simbólica, sobretudo se levarmos em consideração que os presos políticos estavam ali internados, justamente, por terem negado identificar-se com os valores e os símbolos da dominação lusa: é nesta base que a retórica legitimadora da repressiva acção colonial não prescindia de patentear discursivamente a ideia de subversão dos presos políticos contra a incontestável concepção de unidade e integração da grande pátria lusa. Nesta sequência, quando deslocamos a perspectiva para o plano da resistência e da tradição revolucionária, não podemos deixar de salientar o significado e a representação subjacentes à força simbólica do poder e da sacralidade que se pretendia veicular através da bandeira. Daí que, para os presos políticos, não podia deixar de parecer irónico e vexatório o acto de

---

[163] Veja-se por exemplo: IAN/TT, Arquivo da PIDE/DGS, Governo da Província de Cabo Verde, Campo de Trabalho de Chão Bom, Processo n.º 398, NT.6, e Processo n.º 401, NT.6.

prosternação perante a bandeira portuguesa no interior daquele Campo de Trabalho, na medida em que a sua elevação todos os domingos continuava a simbolizar a omnipresença do poder colonial e a alegoria da confrontação dos reclusos com a força do poder que era exercido sobre eles.

Nos finais de 1971 permaneciam ainda encerrados no Campo do Chão Bom um total de dezassete presos políticos cabo-verdianos, sendo quatro deles julgados e treze submetidos ao regime de prisão preventiva. Por conseguinte, nos inícios de 1974, continuavam ainda no mesmo Campo catorze presos políticos de Cabo Verde cuja libertação definitiva só se deu a 1 de Maio de 1974. A libertação dos mesmos contou também com o trabalho de mediação judicial desenvolvido por uma espécie de comissão de libertação, composta por alguns advogados cabo-verdianos (Arlindo Vicente Silva, David Hopffer Almada e Felisberto Vieira Lopes). No dia da libertação (1 de Maio), os presos foram acolhidos pela euforia de uma multidão e transportados em cortejo automóvel do Tarrafal para a cidade da Praia. A libertação ficou marcada pelo entusiasmo e regozijo da população que, ao longo do percurso (Tarrafal - Praia), saudava os libertados; mas foi na cidade da Praia que a grande manifestação de euforia teve lugar com pessoas e carros percorrendo as ruas e dando largas à sua satisfação. Juntamente com os cabo-verdianos, saíram em liberdade os restantes cinquenta presos políticos angolanos e dois guineenses. Portanto, em jeito de síntese, podemos assegurar que, entre Março de 1970 e Maio de 1974, passaram pelo internamento no Campo de Chão Bom pouco mais de duas dezenas de presos políticos cabo-verdianos, isto é cerca de vinte e um reclusos.

Apesar de o Tarrafal ter sido o destino provável, quase sempre certo, de banimento e encerramento dos presos políticos de Cabo Verde, muitos cabo-verdianos tinham sido desterrados pela PIDE para o cumprimento de medidas de segurança e de residência fixa em Angola. Por esta razão, nos inícios de Maio de 1974, as autoridades do arquipélago tinham também solicitado a libertação e o regresso de doze cabo-verdianos que se encontravam na Foz do Cunene (Angola), em cumprimento de medidas de segurança[164]. Em síntese,

---

[164] Cf. *O Arquipélago*, n.º 612, Ano XII, Praia, 2 de Maio de 1974; ver ainda, *A Semana*, n.º 152, de 25 de Abril de 1994.

a libertação de todos os presos políticos no Tarrafal e o "fim" do Campo de Trabalho de Chão Bom eram sintomáticos da derrocada do Estado Novo e do prenúncio da concretização de uma utopia possível: a antevisão do fim do colonialismo e o prenúncio de uma temporalidade nova  onde se inscreviam novas formas de relações de poder.

## *O movimento de saída: a transferência e a libertação dos presos*

A oscilação da população prisional constituía uma das faces da realidade histórica do Campo de Trabalho de Chão Bom. O movimento de saída dos presos ficou caracterizado por duas vertentes fundamentais: a primeira consistia na transferência dos presos para outros estabelecimentos de detenção situados noutras colónias (principalmente para o Campo de Concentração de São Nicolau, em Angola, e para o Campo de Trabalho da ilha das Galinhas, no arquipélago dos Bijagós, na Guiné); a segunda vertente baseava-se na concessão de liberdade condicional, por tempo e local determinado pelas autoridades coloniais. A concessão da liberdade condicional determinava a fixação de residência do antigo preso num determinado local, mas sob a vigilância omnipresente das autoridades coloniais, que avaliavam as "novas" actividades do preso libertado; a concessão da liberdade condicional determinava, por vezes, a obrigatoriedade de comparência regular do libertado nos postos da subdelegação da PIDE da sua área ou província de residência.

O movimento de saída dos presos do Campo de Trabalho começou a ser equacionado desde 1962. Segundo informação do Director do Campo, datada de 31 de Dezembro de 1962, os presos de Angola e da Guiné que se encontravam no referido Campo seriam transferidos para Angola, deixando assim de existir presos políticos em Cabo Verde. Assim, no Campo de Trabalho ficavam apenas os presos de delito comum, condenados pelas comarcas de Barlavento e Sotavento da Província de Cabo Verde[165].

---

[165] IAN/TT, Arquivo da PIDE/DGS, Serviços Centrais, Campo de Trabalho de Chão Bom, Processo n.º 754/61-SR, NT.3075, *Informação da PIDE Praia para a Direcção-Geral da PIDE Lisboa*, Praia, 31 de Dezembro de 1962, fl. 290.

Contudo, em 1963, com o segundo Director do Campo de Trabalho, Hélder Lima dos Santos, assiste-se à elaboração da primeira proposta de concessão de liberdade condicional a alguns dos primeiros presos internados desde 1962. Por ser a primeira proposta de concessão de liberdade condicional e termo da expiação de medidas de segurança, a sua elaboração baseava-se em dois argumentos fundamentais: um de ordem legal, que concedia a liberdade condicional e o termo de cumprimento de medidas de segurança a presos que pareciam merecer tais medidas de excepção; o segundo argumento assentava em conveniências de ordem política, que considerava o acto como oportuno para a propaganda do regime face ao mundo exterior. O Director do Campo era peremptório em afirmar que, da fiscalização e censura às correspondências para os reclusos, tinha já sobejas provas que o mundo exterior – "o dos nossos inimigos" – procurava manter sempre vívido e justificável, na mente dos reclusos, a razão que os conduziu à situação em que se encontravam. Daí, podia ele depreender que, em pormenores ou simples expressões contidas ou mesmo em afectuosas cartas de familiares, estavam expressos sentimentos e vocábulos de requintada e torpe animosidade contra tudo o que era português[166]. O "mundo exterior", "o dos nossos inimigos" significava o mundo da contestação anticolonial; o mundo considerado "subversivo" e contestatário da hegemonia colonial. Assim, por conveniência política de um discurso de teor moralizante, parecia pertinente mostrar a este "mundo exterior", "o dos nossos inimigos", que a acção do internamento no Campo de Trabalho tinha gerado efeitos regeneradores nos reclusos considerados já "recuperados". Por isso se pretendia que a concessão da liberdade condicional e a expiação de medidas de segurança fossem utilizadas como estratégias de conveniência política para mostrar "que os reclusos, tidos e aceites por recuperados, se fizeram regressar ao meio em que viveram e do qual momentaneamente se viram afastados em resultado de nefastas influências estranhas, em condições de poderem

---

[166] IAN/TT, Arquivo da PIDE/DGS, Serviços Centrais, Campo de Trabalho de Chão Bom, Processo n.º 754/61-SR, NT.3075, *Proposta do Director do Campo de Chão Bom para o Governador da Província de Cabo Verde para a concessão de liberdade condicional e expiação de medidas de segurança a reclusos internados no Campo de Trabalho*, Chão Bom, 31 de Maio de 1963, fls. 231-242.

voltar a contribuir para o bem geral, dentro da una e indivisível Comunidade Lusitana; mostrar-lhes que a nossa civilização se exprime mais pela inteligência e pela tolerância do que pela força; mostrar-lhes, enfim, que todos os portugueses, indistintamente da coloração da pele, pertencem a um mesmo bloco nacional, agregado de afectos, de interesses e de esperanças"[167].

Não podemos deixar de sublinhar a intenção e o sentido convencionalmente político desta medida, enquanto forma de patentear a suposta utilidade propagandística para o regime, perante uma possível efectivação da referida proposta. Assim, considerava o Director Hélder Lima dos Santos que, para conseguir tal finalidade de propaganda do regime, ninguém melhor que os presos a sair em liberdade a poderiam servir. A proposta de concessão de liberdade condicional contemplava quatro presos[168], e a de expiação de medidas de segurança incidia sobre três reclusos, sendo todos angolanos e internados desde Fevereiro de 1962. A referida moção descrevia o perfil biográfico-prisional de cada recluso proposto, classificava as suas diferentes fases de evolução de comportamento prisional e formulava diferentes conceitos em relação à sua aparente "recuperação". Ao tomar conhecimento dela, sob forma de ofício secreto, a subdelegação da PIDE de Angola não deixou de referir que a eclosão, em 1961, dos acontecimentos relativos aos movimentos anticolonialistas e independentistas em Angola, consideradas pelas autoridades coloniais como "início dos acontecimentos terroristas", levaram à prisão e fixação de residência vários angolanos. Do ponto de vista das autoridades coloniais, a situação de "sublevação geral" em que a Província de Angola se encontrava envolvida, a partir de 1961, obrigou à necessidade de medidas de emergência para restabelecer a situação. A subdelegação da PIDE de Angola reconhecia que as suas medidas de emergência não permitiram averiguar convenientemente a responsabilidade de todos os detidos a quem foram constituídos processos sumários e sujeitos a medidas de segurança administrativas, com fixação de residência a cumprir em pontos da província afastados dos seus núcleos de radicação. Para o Governo-geral de Angola não havia inconveniente que aos presos propostos

---

[167] *Ibidem.*

[168] *Ibidem.*

fosse concedida liberdade condicional e a suspensão do cumprimento das medidas de segurança; tanto para os presos que se encontravam internados no Campo de Chão Bom como para os que se encontravam detidos em Angola. A subdelegação da PIDE desta Província considerava de grande alcance político e de "extraordinária oportunidade" fazer coincidir a visita do Presidente da República a Angola com a publicação de um diploma de amnistia. Amnistia essa que devia abranger muitos casos como forma de impressionar fortemente os naturais daquela Província e de os convencer de que as autoridades se encontravam animadas de uma tolerância que procurava a reabilitação dos presos[169].

Importa salientar que, apesar da morte, em Setembro de 1962, de um dos presos angolanos (António Pedro Benge), internado desde a primeira leva de Fevereiro de 1962, no ano seguinte, 1963, continuaram internados no Campo de Trabalho de Chão Bom os restantes trinta[170]. O Director, Hélder Lima dos Santos, agrupava-os nas seguintes categorias: irrecuperáveis – dezasseis; de difícil recuperação – um; susceptíveis de recuperação – três; em pleno caminho de recuperação – três; absolutamente recuperados – sete.

Entretanto, os presos propostos à expiação de medidas de internamento só chegaram a conhecer a liberdade condicional com residência fixa na cidade de Luanda, por despacho de 22 de Agosto de 1964 do tribunal de execução de penas da cidade da Praia. Segundo consta da documentação, os cinco presos libertados – Mário António Soares de Campos; Belarmino Sabugosa Van Dunem; Carlos Alberto Pereira dos Santos Van Dunem; André Rodrigues Mingas; António José Contreiras da Costa – saíram de Cabo Verde no dia 11 de Setembro de 1964, via Lisboa mas com destino a Luanda[171].

---

[169] IAN/TT, Arquivo da PIDE/DGS, Serviços Centrais, Campo de Trabalho de Chão Bom, Processo n.º 754/61-SR, NT.3075, *Ofício secreto da Subdelegação da PIDE Luanda ao Director da PIDE Lisboa*, Luanda, 10 de Julho de 1963, fls. 220-221.

[170] IAN/TT, Arquivo da PIDE/DGS, Serviços Centrais, Campo de Chão Bom, Processo n.º 754/61-SR, NT.3075, *Proposta do director do Campo para o Governador para a concessão de liberdade condicional e expiação de medidas de segurança a reclusos internados no Campo de Trabalho*, fls. 231 e segs.

[171] IAN/TT, Arquivo da PIDE/DGS, Serviços Centrais, Campo de Chão Bom, Proc. n.º 754/61-SR, NT.3075, *Informação dirigida ao subdirector da PIDE Luanda*, Lisboa, 11 de Setembro de 1964, fl. 183.

Por sua vez, em 1964, a província da Guiné tinha também providenciado a transferência de uma parte dos seus presos políticos que se encontravam internados no Campo de Chão Bom desde Setembro de 1962. Algumas razões foram ostentadas para justificar a transferência parcial dos presos: a primeira prendia-se com o facto de a subdelegação da PIDE da Guiné reconhecer que, de entre os presos, "exceptuando cerca de vinte desses indivíduos presos por esta polícia, os restantes foram capturados pelas forças militares sem que tenha sido definida a sua responsabilidade, sendo a sua transferência motivada apenas pela necessidade de evitar sua influência nefasta"[172], por serem elementos do PAIGC; a segunda razão apresentada prendia-se com o imperativo de tais detidos terem constituído um pesado encargo para a Província (Guiné), que tinha suportado todas as despesas dali resultantes. Assim, podemos depreender que, para além de razões económicas, alguns presos se encontravam internados em situação irregular. Subsequentemente, no dia 30 de Julho de 1964, foram transferidos para a Província da Guiné quarenta e um presos políticos guineenses que se encontravam internados no referido Campo, sendo no dia 2 de Agosto desse mesmo ano restituídos à liberdade[173].

Ainda em finais de 1964 mais três presos políticos angolanos (que se encontravam internados desde 1962) foram libertados – Amadeu Timóteo Malheiros de Amorim, Gabriel Francisco Leitão Pereira e António Marques Monteiro – embarcando via Lisboa, no navio *Manuel Alfredo*, com destino a Luanda.

Também, no ano seguinte, por despacho de 28 de Janeiro de 1965, foi concedida a liberdade condicional com residência fixa na cidade de Luanda, por período de dois anos, ao recluso Manuel Baptista de Sousa, mediante a obrigatoriedade de mensalmente se apresentar nos serviços da subdelegação da PIDE de Luanda. O referido recluso seguiu viagem directamente para Luanda no dia 16 de Fevereiro de 1965 a bordo do navio *Cuanza*.

---

[172] IAN/TT, Arquivo da PIDE/DGS, Serviços Centrais, Campo de Trabalho de Chão Bom, Processo n.º 754/61-SR, NT.3075, *Informação*, fls. 189-190.

[173] IAN/TT, Arquivo da PIDE/DGS, Serviços Centrais, Campo de Trabalho de Chão Bom, Processo n.º 754/61-SR, NT.3075, *Comunicado da Subdelegação da PIDE da Guiné para o Director da PIDE/Lisboa*, Bissau, 10 de Agosto de 1964, fl. 185.

Para além das saídas e transferências, a oscilação da população prisional era marcada também pelas baixas de reclusos que pereciam. Entre as mortes de dois presos políticos guineenses (Cutubó Cassamá e Biaba Abua), ocorridas em 1962, e a transferência de parte dos presos em 1964, o contingente prisional guineense internado no Campo de Trabalho de Chão Bom ficou reduzido a cinquenta e sete presos. Em resultado das observações e dos dados recolhidos, a 6 de Março de 1965, o Director Hélder Lima dos Santos classificava-os do seguinte modo: três recuperados, dois susceptíveis de recuperação e cinquenta e dois, irrecuperáveis, com uma elevada percentagem de elementos perigosos. Os familiares de diversos presos guineenses internados no Campo de Chão Bom endereçavam cartas ao Governador da Guiné expondo o estado em que se encontravam, alegando que a sua situação tinha tornado "extremamente difícil, por terem ficado sem amparo do chefe de casa"[174]. Por sua vez, as respostas e os resultados não tiveram o impacto esperado: após a análise da situação de cada um dos reclusos, e uma vez apresentada ao então Governador da Guiné, Arnaldo Shulz, e ao Ministro do Ultramar, Silva Cunha, estes, em 1965, concordam simplesmente em autorizar a restituição de um deles à liberdade e a transferência de quatro deles, do Campo de Trabalho para a colónia penal e agrícola da ilha das Galinhas na Guiné[175]; os restantes cinquenta e dois continuaram internados no Tarrafal. Se a libertação de um deles se baseou na justificação de que o recluso tinha mantido bom comportamento e se mostrava "completamente recuperado", a transferência dos restantes para a colónia penal da ilha das Galinhas e a permanência dos mesmos sob prisão foi justificada com base nas simples referências do boletim biográfico prisional, segundo o qual todos estavam "filiados no partido P.A.I." [P.A.I.G.C] e continuavam ainda a comungar das mesmas ideias políticas sem ter dado mostras de recuperação.

---

[174] IAN/TT, Arquivo da PIDE/DGS, Serviços Centrais, Campo de Trabalho de Chão Bom, Proc. n.º 754/61-SR, NT.3075, *Informação do ofício 694/65-SR de 20/9/65*, fl. 174; Cf. IAN/TT, Arqv. PIDE/DGS, Campo de Chão Bom, Proc. n.º 3, 1965-1967, 1971-1974, 2.ª pasta, *Info. Confidencial*, fl. 75.

[175] IAN/TT, Arquivo da PIDE/DGS, Governo Provincial de Cabo Verde, Campo de Trabalho de Chão Bom, Processo n.º 3, 1965-1967, 1971-1974, 2.ª pasta, *Informação*, Chão Bom, 12 de Maio de 1967, fl. 18.

Em 1967, o então Director do Campo de Trabalho, José da Silva Vigário, dá-nos a seguinte relação dos presos políticos ali internados: em duas amplas casernas encontravam-se cinquenta e dois (52) presos guineenses e dezanove (19) angolanos[176]. Para além das prisões sem julgamento, o que caracterizava a arbitrariedade repressiva do Estado Novo era a prorrogação das medidas de segurança, aumentando assim os anos de internamento para além do cumprimento da pena principal. Um exemplo (entre outros) bem elucidativo desta enunciação está patente no drama de dez presos angolanos que, ao longo dos anos, conheceram a elasticidade do internamento forçado no Campo de Chão Bom, através da imposição de medidas de segurança e da sua constante prorrogação por anos sucessivos. Após anos de internamento, cujas penas principais tinham terminado, uma em 1961, e as restantes em 1964 e 1965, esses dez presos foram todos submetidos a medidas de segurança até 1967; após o termo destas foram ainda abrangidos pela prorrogação das mesmas medidas para o ano de 1968. E, na lógica da repressão da liberdade e da violência punitiva da direcção do Campo, o então Director chegou a considerar que, de todos eles, existia a impressão de que eram "elementos irrecuperáveis", por não abdicarem das suas convicções, o que para ele tornava inconveniente qualquer medida tendente a facilitar a libertação dos dez indivíduos em causa[177].

A violência repressiva desta medida das autoridades contra a liberdade dos presos políticos em questão fundamentava-se na ideia da "perigosidade potencial" de cada um desses indivíduos face a um eventual regresso dos mesmos a Angola. Daí que o despotismo da repressão ilimitada contra a liberdade se tornava cada vez mais patente quando o próprio Director reconhecia que o conceito por ele formulado – "elementos irrecuperáveis" – em relação a esses presos se baseava em "simples impressão pessoal" e não

---

[176] IAN/TT, Arquivo da PIDE/DGS, Serviços Centrais, Campo de Trabalho de Chão Bom, Processo n.º 754/61-SR, NT.3075, *Reclusos abrangidos por prorrogações de medidas de segurança*, fl. 167. Veja-se também, IAN/TT, Arquivo da PIDE/DGS, Serviços Centrais, Campo de Chão Bom, Processo n.º 754/61-SR, NT.3075, *Informação*, 22/Abril de 1967, fls. 32-35.

[177] IAN/TT, Arquivo da PIDE/DGS, Serviços Centrais, Campo de Trabalho de Chão Bom, Processo n.º 754/61-SR, NT.3075, *Informação*, Lisboa, 22 de Abril de 1967, fls. 32-35.

se alicerçava em factos concretos[178]. Ou seja, a prorrogação dos anos de internamento sob a fachada legal de aplicação de medidas de segurança baseava-se, quase que exclusivamente, na mera impressão pessoal do Director do Campo que, mediante os anos de reclusão, formulava conceitos classificativos em relação aos reclusos. A simples impressão pessoal em relação aos presos era resultado de audiências frequentes que o Director realizava com os detidos, na biblioteca do Campo. A razão de ser das audiências fundamentava-se na necessidade de avaliar e conhecer o suposto estado regenerativo do preso. Por esta razão, ao referir-se às audiências, o Director Eduardo Vieira Fontes era peremptório em afirmar o seguinte: "por elas [as audiências], e quase só por elas, fico a conhecer o estado de perigosidade dos reclusos e posso documentar-me para elaboração de propostas de liberdade condicional ou de prorrogação de medidas de segurança"[179].

Face ao dilema da permanência dos presos sob internamento após o cumprimento da pena principal, levantavam-se duas vias alternativas mas complementares: a primeira era a possibilidade da prorrogação das medidas de segurança para os considerados "irrecuperáveis" ou "potencialmente perigosos"; a segunda consistia no processo de ouvir em declarações os indivíduos em cujos autos ou questionários ficariam registadas por eles próprios tanto as suas intenções futuras em matéria político-subversiva, como também o grau de arreigamento que ainda tinham das suas convicções, assinando para o efeito uma declaração, onde afirmavam ter abdicado das suas convicções e prometiam jamais se imiscuir em actividades político--subversivas. Pensava-se que através desta fórmula se poderia ulteriormente decidir: primeiro, sobre a liberdade de alguns dos reclusos ou, segundo, sobre a prorrogação das medidas de segurança. Todavia, a aplicação das medidas de segurança e a sua prorrogação vencia sempre quando a impressão pessoal do Director não corroborava da simples ideia aparente de "recu-peração" ou da não regeneração política e cívica dos presos políticos. Esta

---

[178] IAN/TT, Arquivo da PIDE/DGS, Governo Provincial de Cabo Verde, Campo de Trabalho de Chão Bom, processo n.º 9, NT2, Correspondência diversa 1961 (Set. 26) – 1972 (Ago. 28), *Informação*, Chão Bom, 15 de Março de 1971, fl. 49.

[179] IAN/TT, Arquivo da PIDE/DGS, Serviços Centrais, Campo de Trabalho de Chão Bom, Processo n.º 754/61-SR, NT.3075, *Relatório*, Lisboa, 2 de Novembro de 1967, fls. 44-47.

arbitrariedade repressiva revela a excentricidade e a incoerência das sentenças e das penas: "em qualquer altura que estejam esgotados os recursos desta polícia [PIDE] para convencer o tribunal da prorrogabilidade das medidas de segurança, poderão ser instruídos novos processos em que se propunha a sua excelência o Ministro do Ultramar, a fixação de residência em qualquer local (incluindo o próprio Campo de Trabalho de Chão Bom)"[180].

No entanto, não podemos deixar de sublinhar o quão paradoxal parece ser a subjectiva percepção das autoridades em relação à ideia de "recuperação", "reabilitação" ou regeneração política dos reclusos: estas significavam o abandono (por parte dos presos) das suas convicções independentistas e a desvinculação total das suas militâncias políticas, em detrimento de uma obediente posição de identificação ideológica com o regime e, por conseguinte, da não contestação da lógica colonial e da sacralidade do Império. Aliás, a contestação da subalternidade colonial punha em causa, automaticamente, todos os mitos coloniais que sustentavam a ideia de sacralidade do Império. Por isso, o Estado Novo não dispensou a violência como instrumento para tentar resgatar a suposta ordem colonial que mantinha a razão de ser da sua "mística imperial", tendo em conta que o próprio regime se posicionava como depositário e intérprete de uma Nação que tinha na missão colonizadora, uma das formas de realização da sua suposta essência orgânica.

Em 1969, a oscilação da população internada no Campo de Trabalho ficou marcada pela saída de mais quatro presos angolanos que, no dia 9 de Fevereiro desse mesmo ano, seguiram para Luanda a bordo do navio/ /motor *Ana Mafalda*, mediante a concessão de liberdade condicional por prazo de cinco anos e com residência fixa naquela cidade[181]. Neste mesmo ano, foram definidos os destinos dos restantes cinquenta e dois presos políticos guineenses que ainda se encontravam internados no Campo de Chão Bom. Foi então autorizada a deslocação a Cabo Verde de dois agentes da PIDE, a fim de fazerem o transporte e o acompanhamento dos referidos

---

[180] IAN/TT, Arquivo da PIDE/DGS, Serviços Centrais, Campo de Trabalho de Chão Bom, Processo n.º 754/61-SR, NT.3075, *Telegrama*, Praia, 5/2/69, fl. 161.

[181] IAN/TT, Arquivo da PIDE/DGS, Serviços Centrais, Campo de Trabalho de Chão Bom, Processo n.º 754/61-SR, NT.3075, *Informação*, Praia, 3 Dezembro de 1971, fl. 62.

reclusos do Campo do Tarrafal para outra prisão na ilha das Galinhas (Guiné). Os cinquenta e dois presos políticos foram então embarcados e transportados no navio/motor *UIGE*, no dia 30 de Julho de 1969, cuja viagem também tinha sido aproveitada para efectuar a rendição, via Bissau, de um pelotão de caçadores que prestava serviço no Campo de Chão Bom.

Por sua vez, mais oito presos políticos angolanos também viriam a conhecer a liberdade em Outubro de 1971, depois do cumprimento de medidas de segurança, tendo embarcado no dia 24 de Novembro de 1971, em São Vicente, no navio *Rita Maria*, com destino a Luanda[182].

Apesar do paulatino movimento de saída e libertação condicional dos reclusos, a libertação definitiva de todos os presos políticos que se encontravam no Tarrafal só viria dar-se a 1 de Maio de 1974: cinquenta presos políticos angolanos, cuja maioria (trinta e sete) cumpria medidas de segurança de residência fixa, sendo que os restantes treze indivíduos se encontravam em cumprimento de pena; catorze presos políticos cabo--verdianos (um julgado e treze sem julgamento); e dois presos guineenses que se encontravam com residência fixa[183]. Portanto, enquanto as medidas de segurança se caracterizavam pela elasticidade dos anos de internamento após o cumprimento da pena principal, a residência fixa caracterizava-se pelo simples banimento de indivíduos sujeitos ao cumprimento de simples medidas administrativas de internamento.

---

[182] Cf. *O Arquipélago*, n.º 612, Ano XII, Praia, 2 de Maio de 1974; *O Arquipélago*, Suplemento, Ano XII, Praia, 3 de Maio de 1974.

[183] IAN/TT, Arquivo da PIDE/DGS, Gov. Prov. de Cabo Verde, Campo de Trabalho de Chão Bom, Presos, Trabalhos, Salários, 1991 (Dez. 13) – 1966 (Out. 4), Processo n.º 7, 1.º vol., NT2, *Correspondências entre o Director do Campo e o Governador da Província de Cabo Verde*, fls. 421, 440-443 e 444.

Fig. 3. Pormenor do interior do Campo de Trabalho. Documento cedido pelo IAN/TT. Código de referência: PT/TT/SNI/DO/20-02/35353

IV

## A Vida dos Presos no Campo de Trabalho

*Entre a repressão real e simbólica e a miragem da liberdade*

A vida dos presos políticos internados no Campo de Trabalho de Chão Bom decorria sob o signo da condenação ao isolamento e à "morte" lenta nas suas várias modalidades: civil, política, ideológica e, talvez, por que não dizer, física, atendendo às condições materiais do rigor disciplinar, da vivência prisional e das deficientes condições de assistência sanitária que caracterizavam a panóplia repressiva daquele Campo.

O internamento dos presos no Campo de Chão Bom excedia o simples exercício da privação da liberdade. Os presos eram internados separadamente em diferentes pavilhões: o bloco da esquerda era totalmente ocupado pelos presos políticos e de delito comum da Província de Cabo Verde. O bloco da direita destinava-se aos presos políticos de Angola e da Guiné. A preocupação fundamental centrava-se na questão de evitar o contacto e a proximidade entre as diferentes categorias de presos. No quotidiano da vida carcerária, o Campo de Trabalho de Chão Bom funcionava como uma espécie de casa de força, cujo cumprimento das regras se baseava numa moral hierárquica, imposta verticalmente a partir do Director. Assim, o regime prisional, a alimentação, o trabalho, a disciplina, a censura das correspondências, dos livros e dos jornais, as deficientes condições de assistência sanitária, o isolamento, faziam parte da armadura repressiva daquele estabelecimento prisional.

A partir de 1962, ficou oficialmente determinado que os presos políticos angolanos e outros que se encontravam internados no Campo de Chão Bom trabalhassem mediante a fixação de uma proposta de remuneração diária, elaborada pelo então Director José Pedro Queimado Pinto: trabalhos leves, 3$00, e trabalhos normais, 5$00. O sistema prisional do Campo de Trabalho de Chão Bom não excluía a possibilidade de impor, por todos os meios, um regime de trabalho aos presos, mesmo quando se reconhecia que o Campo só podia facultar serviços de natureza agrícola, nomeadamente a horticultura pelo recurso à granja do presídio. Inicialmente, dada a inexistência de oficinas (a carpintaria e o artesanato só viriam a ser praticados posteriormente) e a inviabilidade de se proporcionar serviços burocráticos, só as ocupações de natureza agrícola poderiam ser distribuídas aos reclusos. O então Governador da Província, Silvério Marques, concordava também com o Director Queimado Pinto, sobre a necessidade de utilizar os presos em trabalhos que quebrassem a ociosidade. Considerava ainda que os serviços na granja agrícola poderiam adaptar-se a todos os tipos de presos, como também levantava a possibilidade de os ocupar em alguns tipos de trabalhos de sequeiro como a plantação de árvores, programados em Chão Bom pela repartição de agricultura.

O Director Queimado Pinto reconhecia que entre os presos angolanos não havia agricultores ou trabalhadores rurais: eram na maioria ex-funcionários públicos dos serviços e de fazenda, enfermeiros, empregados de escritórios, electricistas, estudantes, etc., que se consideravam "os paladinos heróicos" da independência de Angola. Por esta razão, não deixou de reconhecer que Portugal estava a passar por uma fase "difícil da sua História" mas que, mercê da sua experiência ultramarina e de uma "psicologia sem paralelo", Portugal alcançaria uma "inimitável convivência entre os portugueses de diferentes raças e credos, onde quer que tremule a nossa Bandeira. Os nossos métodos de civilização de povos incultos hão-de sobreviver, embora muitos povos colonizadores não nos possam já imitar por terem abdicado cobardemente da sua missão civilizadora, e a verdade é que o nosso sistema há-de perdurar, custe o que custar, para mais uma vez nos tornarmos únicos na História, tal como outrora sucedeu"[184]. Nesta sequência, a salvaguarda da messiânica

---

[184] IAN/TT, Arquivo da PIDE/DGS, Serviços Centrais, Campo de Trabalho de Chão Bom, Processo n.º 754/61-SR, NT.3075, *Rapport sur la visite au camp de travail «Chão Bom» à Tarrafal sur l'ile de Santiago de Cabo Verde*, fls. 154-159. Cf. IAN/TT, Arquivo da PIDE/DGS, Governo Provincial de Cabo Verde, Campo de Trabalho de Chão Bom, NT 2, Processo n.º

missão civilizadora do regime passava também pelo desterro e punição daqueles que poderiam dificultar a tão apregoada tarefa de "civilização".

Mesmo com a fixação das propostas de remuneração dos trabalhos dos presos, o relatório dos agentes da Cruz Vermelha Internacional que visitaram o Campo em 1969 assegura que "Aucun travail n'est payé"[185]; contudo, o então Director, Eduardo Vieira Fontes, asseverou ao então Governador Sacramento Monteiro que todo o trabalho fora da prisão ou dentro da prisão, mas de que os próprios reclusos não sejam beneficiários, era pago nos termos da lei. Para além da granja, os presos eram ocupados com outras tarefas como sejam a limpeza das instalações, o juntar e transportar pedras, etc.

Das tentativas de esclarecimento do Director do Campo em relação a algumas queixas dos presos expostos aos visitantes da Cruz Vermelha, se pode depreender que as refeições dos reclusos eram deficientes e muito repetitivas; como também era deficiente a assistência médica, uma vez que esta era assegurada por um enfermeiro do Campo que realizava os serviços policlínicos, enquanto o médico só visitava o Campo uma vez por semana, ficando assim os casos mais graves sujeitos à evacuação para o hospital da cidade da Praia. "Por ordem do director, os doentes castigados não podiam ir à consulta. E em 1966, o director envia uma carta ao médico, exigindo que só em casos absolutamente justificados sejam receitadas especialidades". As limitações da enfermaria traduziam-se tanto na escassez de medicamentos como também na obrigatoriedade de os presos comprarem os seus próprios medicamentos.

A vida dos presos no Campo era também caracterizada por momentos de estudos, podendo os interessados solicitar autorização à direcção do Campo para a realização de exames de avaliação final na cidade da Praia. No interior do Campo existia uma biblioteca organizada pelo Director José da Silva Vigário para o recreio dos reclusos, com publicações editadas pelo SNI (Secretariado Nacional de Informação), Agência-Geral do Ultramar, cujo fundo bibliográfico, contava com 163 volumes, em Janeiro de 1966, 396 em

---

9, Correspondência Diversa, 1961 (Set. 26) – 1972 (Ago. 28), *Informação a sua excelência o governador da província de Cabo Verde*, Chão Bom, 19 de Junho de 1969, fls. 123-124.

[185] Mateus, 2004, p. 129.

1969 e cerca de 636 (volumes) em Novembro de 1971[186]. Contudo, as publicações que faziam parte da biblioteca do Campo eram determinadas em função da natureza dos seus conteúdos (leitura filtrada), na medida em que os livros censurados não podiam entrar no Campo e muito menos fazer parte do espólio da biblioteca para não influenciar as ideias dos presos. A depuração das leituras era feita, primeiro, em função da natureza literária dos conteúdos dos livros e, segundo, em função do grau de cultura do recluso: basicamente, só se permitia a leitura de publicações que se destinavam, exclusivamente, ao aperfeiçoamento dos conhecimentos gerais ou técnicos, mediante as devidas autorizações e permissões de leitura em sala própria. Daí que, para todos os efeitos tinha que se atender à natureza da erudição, às tendências e hábitos dos reclusos uma vez que, literatura que não fosse autorizada em caso algum seria facultada aos presos. Em termos simples, isto significa dizer que as obras literárias consideradas "subversivas", ou suspeitas de serem tendencialmente revolucionárias, eram imediatamente vedadas ou banidas. A vigilância da direcção do Campo funcionava de forma implacável também com os livros solicitados pelos presos. Por exemplo, esta asserção está bem explícita no registo confidencial do então Director do Campo, José da Silva Vigário, que recusou a entrega de dois volumes intitulados *Russian* e *Czech*, chegados de uma livraria de Lisboa e que eram destinados ao preso político angolano, José Mateus Vieira da Graça (Luandino Vieira). O Director do Campo foi peremptório em escrever na sua informação confidencial, datada de 14 de Janeiro de 1966, que os livros *Russian* e *Czech* não seriam entregues ao referido preso[187].

---

[186] IAN/TT, Arquivo da PIDE/DGS, Governo Provincial de Cabo Verde, Campo de Chão Bom, NT 2, Processo n.º 9, Correspondência Diversa, 1961 (set.26) – 1972 (Ago.28), *Secreto Apontamento sobre a II visita ao Campo de Trabalho de chão Bom de elementos da Cruz Vermelha*, fls. 56-61; *Secreto Informação*, Chão Bom, 29 de Janeiro de 1969, fls. 129-132.

[187] IAN/TT, Arquivo da PIDE/DGS, Governo Provincial de Cabo Verde, Campo de Chão Bom, Presos, Trabalhos, Salários, 1991 (Dez.13) – 1966 (Out.4), Proc. n.º 7, 1º vol., NT2, *Informação confidencial n.º 1*, Chão Bom, 14 de Janeiro de 1966, fls. 29-30. Cf. ainda IAN/TT, Arquivo da PIDE/DGS, Gov. Prov. de Cabo Verde, Campo de Chão Bom, Presos, Trabalhos, Salários, 1991 (Dez.13) – 1966(Out.4), Processo n.º 7, 1ºvol., NT2, *Aviso*, Chão Bom, 31 de Janeiro de 1966, fl. 26.

No Campo, a biblioteca funcionava também simultaneamente como capela, onde a missa era celebrada uma vez por semana por um sacerdote. Sob a escrupulosa observância da direcção do Campo, os presos dedicavam-se algumas vezes a actividades como jogos e, esporadicamente, beneficiavam ainda de secções de cinema mediante aviso prévio da programação, como também de banhos de praia entre Junho e Outubro, mediante a definição de um limite que não podia ser ultrapassado. O recreio dos presos políticos angolanos e guineenses era feito alternadamente: "La moitié de la journée, les prisonniers ont la permission de quitter leur dortoir, Guinéens et Angolais alternativement"[188].

Não podemos deixar de salientar que todas essas restrições faziam parte da panóplia da repressão política imposta aos presos políticos internados no Campo de Trabalho. Por todos os lados, a força omnipotente da repressão autoritária que rodeava e cercava os presos estava evidente, tanto na imponente muralha de vedação e nos seus arames farpados, como também na constante presença dos guardas (vigilantes) armados. A autoridade do Director do Campo era omnipresente e fazia-se sentir em todos os contextos da vida carcerária, inclusive em pormenores essenciais da condição humana ou em outros detalhes aparentemente banais da vida prisional dos reclusos: um exemplo bem elucidativo, entre outros, desta situação está patente nos pedidos escritos do preso cabo-verdiano João Divo Macedo "O João da Praia", a requerer autorização ao Director para oferecer uma camisa a um outro recluso de nome R. Tavares, ou ainda numa nota de pretensão escrita pelo preso Ananias Gomes Cabral, "O Gote", a solicitar autorização para que lhe seja fornecido açúcar para o seu chá ao pequeno-almoço, uma vez que não havia leite e não podia beber café porque se encontrava submetido a uma dieta. Basicamente, podemos dizer que alguns desejos e algumas solicitações dos presos tinham que obedecer às obrigações burocráticas da sua formulação por escrito e, posteriormente, endereçadas ao Director do Campo[189]. Mas isto representava uma simples parte do quadro despótico de controlo metódico que caracteriza toda a estrutura do

---

[188] IAN/TT, Arquivo da PIDE/DGS, Serviços Centrais, Campo de Chão Bom, Processo n.º 754/61-SR, NT.3075, *Rapport sur la visite au camp de travail «Chão Bom» à Tarrafal sur l'ile de Santiago de Cabo Verde*, fls. 154-159.

[189] Veja-se por exemplo, IAN/TT, Arquivo da PIDE/DGS, Governo da Província de Cabo Verde, Campo de Trabalho de Chão Bom, Processo n.º 401, NT.6, fl. 7; IAN/TT, Arquivo da

Campo, tendo em conta que a prisão, tal como salienta Michel Foucault, "donne un pouvoir presque total sur les détenus; elle a ses mécanismes internes de répression et de châtiment: discipline despotique"[190]. Assim, a obrigatoriedade de requerer tudo por escrito ao Director constituía um dos muitos mecanismos internos de repressão e de distanciamento em relação à direcção do Campo que, através deste meio, punha em prática o exercício da sua disciplina despótica.

O mesmo tipo de exercício da disciplina despótica era posto em prática quando se tratava de correspondências tanto dos familiares, conhecidos e amigos dos presos, como também entre estes últimos. Todas as correspondências tinham que passar pelo crivo da censura para o processo de depuração das mensagens de teor político, de forma a exercer a vigilância moral e política sobre as informações que entravam e saíam do Campo. Quanto menos nítido e menos decifrável fosse o teor dos textos das correspondências, maior era a força vigilante da censura e da fiscalização: tanto as correspondências que vinham do exterior para os presos, como as que eram remetidas destes para o exterior podiam ser interceptadas caso revelassem ser portadoras de mensagens de teor político ou veiculassem alguma denúncia em relação a certos aspectos relacionados com a condição repressiva e subalterna dos presos no Campo. Os excertos das mensagens das cartas interceptadas e censuradas pela direcção do Campo eram transcritos e, posteriormente, enviados às autoridades (a PIDE ou ao Governador da Província). Mesmo estando sujeitas a severas condições de vigilância, as correspondências não deixavam também de constituir um dos meios a partir dos quais os presos irrigavam as suas esperanças e tentavam manter reforçado o espírito e a consciência de luta e de resistência no interior da prisão: "não me desviarei do ideal que o tio sempre quis que eu me esforçasse em realizar, conte sempre com o que possa e caiba no conjunto da minha tarefa"[191].

---

PIDE/DGS, Governo da Província de Cabo Verde, Campo de Trabalho de Chão Bom, Processo n.º 398, NT.6, fl. 23.

[190] Foucault, 1975, p. 238.

[191] IAN/TT, Arquivo da PIDE/DGS, Governo Provincial de Cabo Verde, Campo de Trabalho de Chão Bom, Presos, Trabalhos, Salários, 1991 (Dez. 13) – 1966 (Out. 4), Processo n.º 7, 1.º vol., NT2, *Parte da carta que João Victor, residente em Luanda, enviou a seu tio Nobre*

Outras vezes vindas dos familiares e amigos, as correspondências eram elaboradas em forma de epístolas ou parábolas bíblicas que aconselhavam os presos à leitura de alguns versículos do livro sagrado, como forma de revivificar a esperança da liberdade e a crença no advir de um mundo novo, ao mesmo tempo que se fazia a premonição apocalíptica do fim do sofrimento e a consumação das profecias do julgamento de cada um no dia do juízo final, segundo as suas obras[192]. Importa frisar que estas adaptações bíblicas das mensagens veiculadas através das correspondências podiam ser perfeitamente traduzidas e adaptadas à realidade das vivências dos presos em contexto de cárcere. Aliás, a ambiguidade das mensagens veiculadas em forma de parábolas bíblicas ou salmos e a suspeição das autoridades do Campo quanto à intencionalidade subjacente ao sentido do texto destinado a alguns presos constituíam sempre motivos para retenções, cortes e repreensões das comunicações, devido à dificuldade de tradução do teor supostamente dúbio do possível significado político-subversivo inscrito nestes textos. Apesar destes detalhes, o Director do Campo, Eduardo Vieira Fontes, não se coibiu de passar uma impressão diferente à delegação da Cruz Vermelha que, em Fevereiro de 1969, efectuou uma visita ao Campo de Chão Bom: "D'après les informations données par le Directeur du camp, la correspondance n'est pas limitée"[193]. Contudo, a afirmação do Director poderá ser contestada tanto pela quantidade de excertos de cartas e pedidos barrados pela censura em uso no Campo de Chão Bom, como também pelas reclamações de alguns presos sobre a não recepção de notícias dos seus familiares.

---

*Ferreira Pereira Dias, preso político do Campo de Trabalho*, transcrita pelo director Hélder Lima dos Santos, fl. 368.

[192] Cf. IAN/TT, Arquivo da PIDE/DGS, Governo Provincial de Cabo Verde, Campo de Trabalho de Chão Bom, Presos, Trabalhos, Salários, 1991 (Dez. 13) – 1966 (Out. 4), Processo n.º 7, 1.º vol., NT2, *Parte da carta que Diogo José Carvalho, residente em Luanda, enviou ao seu cunhado, preso político no Campo de Trabalho, Garcia Lourenço Vaz Contreiras*, cortado pela censura em uso no Campo de Trabalho de Chão Bom, 22 Dezembro de 1962, o Director Hélder Lima dos Santos, fl. 396.

[193] IAN/TT, Arquivo da PIDE/DGS, Serviços Centrais, Campo de Trabalho de Chão Bom, Processo n.º 754/61-SR, NT.3075, *Rapport sur la visite au camp de travail «Chão Bom» à Tarrafal sur l'ile de Santiago de Cabo Verde*, fls. 154-159.

Limitadas também eram as visitas e os contactos directos com os presos, a não ser em situações excepcionais como aconteceu, por exemplo, com o caso de Teresa Natividade de Sousa Benge aquando da doença do seu marido preso, Pedro Benge, em 1962; ou de outro caso excepcional ocorrido em finais de Maio de 1970, quando o Director do Campo permitiu que o escritor cabo--verdiano Manuel Lopes contactasse com os presos José Vieira Mateus da Graça (Luandino Vieira) e Carlos Lineu Soares Miranda, aquando da sua passagem pela Vila do Tarrafal entre os dias 29 e 31 de Maio do mesmo ano. Na verdade, apesar da direcção do Campo ter considerado que "Les visites sont difficiles à réaliser en raison de la difficulté de transport entre la Guinée ou l'Angola et Tarrafal"[194], a realidade é que até 1970, elas (as visitas) estavam cortadas e proibidas. Entretanto, a partir de um despacho datado de 3 de Junho de 1970, os presos políticos cabo-verdianos passaram a receber visitas dos familiares, mas sob a escrupulosa vigilância e controlo da direcção do Campo.

Característico também das prisões políticas do salazarismo foi a existência de celas especiais de isolamento e de punição dos presos sob severas condições de habitabilidade. O Campo de Trabalho de Chão Bom, apesar de não constituir uma excepção no conjunto das prisões políticas do Estado Novo, carregava, por si só, o espectro da *frigideira* (cela disciplinar especial de isolamento e de reclusão dos presos, sob condições austeras) herdada dos anos da vigência da colónia penal entre 1936 a 1956. A *frigideira* era um dos instrumentos da via-sacra repressiva da antiga colónia penal do Tarrafal. Da vida dos presos sobressai sempre a memória desta cela disciplinar, veiculada através das suas memórias escritas e publicadas, uma vez que a reclusão nesta cela especial de isolamento constituía o momento máximo da encenação real do exercício da violência física e política sobre os condenados. Por exemplo, sobre este assunto, Pedro Martins, ex-preso político cabo-verdiano, escreve no seu *Testemunho Dum Combatente* que "a famosa «frigideira» foi destruída por se encontrar fora das fortificações, e também, por ter sido o mais referenciado dos elementos repressivos do Campo. Entretanto para os colonialistas a frigideira era um equipamento de grande utilidade e eficácia para ser abandonado. Por isso, edificaram

---

[194] *Ibidem.*

uma outra de betão armado, um cubículo no canto de uma pequena célula de porta de ferro, com dimensões ainda mais exíguas (90x90x165), com dois lados voltados para as direcções Este, Sul e Oeste afim de a transformar de facto num verdadeiro forno, que ironicamente os presos políticos cabo--verdianos apelidaram de «Holandinha»"[195].

Especial referência merecem também os registos de algumas fugas de presos ocorridas no Tarrafal em Dezembro de 1961, ainda antes do internamento dos considerados presos políticos. Tratava-se de evasões de prisioneiros cabo-verdianos que se encontravam encerrados no Presídio de Chão Bom que funcionava no interior do Campo de Trabalho. As respectivas fugas ocorreram todas a 1 de Dezembro de 1961 e foram protagonizadas por Filipe Eugénia Deonarda, Manuel João Lopes e Arlindo Tavares que, posteriormente, foram recapturados e novamente entregues ao referido presídio nos dias 13 de Janeiro de 1962, 27 de Janeiro de 1962 e 3 de Fevereiro de 1962, respectivamente[196].

Por outro lado, importa acrescentar ainda que o exercício da vigilância não ficava circunscrito às actividades dos presos políticos. A direcção do Campo e as autoridades coloniais no arquipélago exerciam também um escrupuloso policiamento sobre o cadastro político do pessoal civil (mecânico, escriturário, ajudante de cozinheiro, cozinheiro, etc.) em serviço no Campo de Trabalho. Por exemplo, em Abril de 1963, o então Director do Campo, Hélder Lima dos Santos, requereu por escrito aos serviços da PIDE na cidade da Praia, informações sobre o que constava do porte político do pessoal civil em serviço naquele Campo[197]. Limitada estava também a relação dos presos com os guardas. Mas o medo latente da direcção do Campo e das

---

[195] Martins, 1990, p. 144.

[196] Cf. IAN/TT, Arquivo da PIDE/DGS, Gov. Prov. de Cabo Verde, Campo de Trabalho de Chão Bom, Processo 4 e 5, Material de guerra/Recrutamento de guardas auxiliares 1963 (Abr. 30) – 1974 (Dez. 11), *Informes*, Chão Bom, 17 de Junho de 1964, fl. 259; IAN/TT, Arquivo da PIDE/DGS, Gov. Prov. de Cabo Verde, Campo de Chão Bom, Presos, Trabalhos, Salários, 1991 (Dez. 13) – 1966 (Out. 4), Proc. n.º 7, 1.º vol., NT2, *Cópia da nota n° 163/65 da Administração do Concelho de Santa Catarina*, Repartição Provincial dos Serviços da Administração Civil na Cidade da Praia, 14 de Abril de 1962, fl. 481; *Informações*, fls. 488 e 501.

[197] Cf. IAN/TT, Arquivo da PIDE/DGS, Governo Provincial de Cabo Verde, Campo de Trabalho de Chão Bom, Proc. n.º 3, 1961-1964, Informações, Propostas e Relatórios, 1.ª pasta,

autoridades coloniais não advinha exclusivamente da postura política daqueles que prestavam serviço no Campo de Trabalho. Aos olhos das autoridades, o Campo de Trabalho de Chão Bom, enquanto instrumento de repressão, figurava como um potencial elemento de investida do exterior por parte de grupos ou indivíduos avessos ao regime. Assim, vivendo sob um clima de permanente receio, as autoridades coloniais do arquipélago consideravam que o Campo poderia constituir um objectivo militar (para eventuais inimigos) e alvo de um potencial ataque. Nesta sequência, o Director Eduardo Vieira Fontes tinha informado o Governador do arquipélago (António A. F. Lopes dos Santos) que, nos meses de Outubro, Novembro e Dezembro de 1970, foram notadas manobras suspeitas de barcos desconhecidos que pareciam estar a estudar a baía do Tarrafal. Por isso suspeitavam que estava marcado para o dia 11 de Fevereiro de 1971 um atentado contra o Campo de Trabalho, a fim de serem libertados todos os presos políticos que ali se encontravam. Este suposto clima de insegurança latente gerou alguma instabilidade no interior do próprio estabelecimento prisional, sobretudo, no corpo do Pelotão de Caçadores estacionados no Campo, responsáveis pela segurança do mesmo. A instabilidade advinha sobretudo do descontentamento dos componentes do Pelotão que se sentiam "constantemente pressionados" pelo comandante, o Sr. Tenente António Viana Peixoto que, por atitude medrosa não os deixava descansar, a pretexto de suspeitar de barcos (mesmo de pesca) que se aproximavam da costa e a pretexto de suspeitar das suas visões, frequentemente adulteradas, de submarinos e barcos de guerra dispostos a atacar as instalações locais[198].

Portanto, em jeito de conclusão, podemos asseverar que, durante doze anos (1962-1974), passaram pelo Campo de Trabalho de Chão Bom mais de duas centenas de presos políticos, entre angolanos (cerca de 117), guineenses (cerca de 102) e cabo-verdianos (cerca de 21, entre 1970 a 1974),

---

*Confidencial*, Chão Bom, 10 de Abril de 1963, fl. 49; *Informações do Boletim de Informação elaborado pela PIDE da Praia em 22 de Junho de 1963*, fls. 38-48 e 49.

[198] Cf. IAN/TT, Arquivo da PIDE/DGS, Serviços Centrais, Campo de Trabalho de Chão Bom, Processo n.º 754/61-SR, NT.3075, *Confidencial*, Praia, 4 de Fevereiro de 1971, fl. 78; *Urgente e confidencial*, Chão Bom, 2 de Fevereiro de 1971, fl. 79; *Informação*, 6 de Fevereiro de 1971, fls. 81-82; *Informação*, Praia, 2 de Fevereiro de 1971, fl. 83.

sem contar com o contingente de presos de delito comum da Província. A massa humana de presos políticos que passou pelo Tarrafal era praticamente jovem, mas diversa e variada em termos de composição etária. O *Rapport Sur la Visite Medicale* da Cruz Vermelha Internacional registou o seguinte: "age moyen environ de 30 ans. Le plus âgé avait 78 ans"[199]. Por sua vez, Dalila C. Mateus salienta também que cerca de 40 por cento dos presos tinham de trinta a quarenta anos, 23 por cento de quarenta a cinquenta anos e 20 por cento de vinte a trinta anos, havendo mesmo um preso de mais de setenta anos[200]. Entre os prisioneiros políticos cabo-verdianos a população prisional era na sua maioria jovem, com idades compreendidas entre os 20, 30 e pouco mais de 40 anos.

Entre 1961 e 1974 a direcção do Campo de Trabalho esteve sob o Comando de José Pedro Queimado Pinto, Hélder Lima dos Santos, Alberto Baptista Potier (Director substituto), José da Silva Vigário e Eduardo Vieira Fontes. Da trama humana de repressão política encenada naquele Campo, entre 1962 e 1974, ficaram os registos de algumas mortes: Cutubó Cassamá (Guineense, 1962), Biaba Abua (Guineense, 1962), António Pedro Benge (Angolano, 1962), Chipoia Magita (Angolano, 13 de Maio de 1970). Praticamente todos estes presos pereceram de doenças. Por exemplo, Pedro Benge, ficou doente ao décimo dia da sua reclusão no Campo de Chão Bom e, após internamento no hospital da cidade da Praia, o seu estado de saúde continuava "pouco satisfatório". No entanto, o então Director do Campo, José Pedro Queimado Pinto, no seu *Ofício* de 4 de Julho de 1962, alertava e propunha ao então Governador da Província, que Pedro Benge fosse transferido para Luanda ou para Lisboa (onde poderia ter a assistência de que necessitava), tendo em conta a repercussão que o falecimento daquele preso poderia ter, em virtude da deficiência de meios sanitários disponíveis. Posteriormente, num *Confidencial* datado de 29 de Outubro de 1962, o referido Director mandou comunicar a Maria Teresa da Natividade

---

[199] IAN/TT, Arquivo da PIDE/DGS, Serviços Centrais, Campo de Trabalho de Chão Bom, Processo n.º 754/61-SR, NT.3075, Annexe – *Rapport sur la visite medicale des détenus politiques au Camp de Travail «Chão Bom», sur l'île de San Tiago de Cabo Verde*, fls. 154-159.

[200] Cf. Mateus, 2004, p. 127.

de Sousa Benge (através da Administração do Concelho de Luanda) que o seu marido António Pedro Benge tinha falecido no Hospital do Ultramar em Lisboa, no dia 13 de Setembro de 1962[201]. Contudo, para além dos que pereceram, o fim do internamento dos reclusos deu-se com a libertação definitiva de todos os presos políticos a 1 de Maio de 1974.

Fig. 4. Vista parcial do Campo de Trabalho. Documento cedido pelo IAN/TT. Código de referência: PT/TT/SNI/DO/20-02/35351.

---

[201] Cf. IAN/TT, Arquivo da PIDE/DGS, Governo Provincial de Cabo Verde, Campo de Trabalho de Chão Bom, NT 2, Processo n.º 9, Correspondência Diversa, 1961 (Set. 26) – 1972 (Ago. 28), fl. 119; IAN/TT, Arquivo da PIDE/DGS, Serviços Centrais, Campo de Trabalho de Chão Bom, Processo n.º 754/61-SR, NT.3075, *Informação*, Praia, 19 de Junho de 1970, fl. 84; IAN/TT, Arquivo da PIDE/DGS, Gov. Prov. de Cabo Verde, Campo de Chão Bom, Proc. n.º 7, 1.º vol., Presos, Trabalhos, Salários, 1961 (Dez. 13) – 1966 (Out. 4), NT.2, *Ofício*, 4 de Julho de 1962, fl. 467; *Confidencial*, Chão Bom, 29 de Outubro de 1962, fl. 402; *Ofício Confidencial*, 23 de Agosto de 1962, fl. 428; *Informação*, Chão Bom, 28 de Junho de 1962, fl. 469.

PARTE III

# PARTE III

## O Discurso Oficial e a Memória da Repressão

I

## O Tarrafal na Opinião Pública

Neste ponto do nosso trabalho propomo-nos abordar a problemática do Campo do Tarrafal na opinião pública, sobretudo através do jogo representativo, entre o discurso oficial do regime e as representações discursivas de uma opinião pública empenhada na propagação de ideias a favor da libertação dos presos políticos e extinção da prisão do Tarrafal.

Enquanto espaço de prisão e de internamento de presos políticos, a colónia penal do Tarrafal serviu de móbil para a emergência de uma opinião pública contestatária das políticas repressivas do Estado Novo, razão então para afirmar que a sua imagem não ficou nas margens silenciadas pelo regime. Queremos com isto dizer que, mesmo perante a força da repressão, encontramos a resistência de uma oposição forjadora a partir de uma opinião pública denunciadora da existência da prisão do Tarrafal e das condições materiais de isolamento dos presos políticos submetidos a severos regimes de reclusão. Importa ainda frisar que estamos perante uma espécie de oposição ao regime que, através das suas denúncias, tentava expressar uma função social e política da qual também se pretendia revelar o seu carácter nacional.

Uma marca distintiva desta opinião pública estava nas suas manobras de mobilização, tendo em conta a fragmentação de uma oposição estilhaçada tanto na sua dimensão política como também na geográfica. Estilhaçada no sentido em que, por vezes, a oposição se manifestava sob uma face político-partidária e, outras vezes, revelava-se de forma fragmentada em grupos ou associações da sociedade civil nacional e internacional que se identificavam com a causa da liberdade e a necessidade de supressão das prisões políticas salazaristas. Por exemplo, uma das faces político-partidárias da denúncia das investidas repressivas do regime sobre os presos políticos no Tarrafal e nas várias prisões políticas do continente era o *Avante!*, órgão informativo central do Partido Comunista Português. A outra vertente aparentemente "despolitizada" da opinião pública estava presente tanto na manifestação das solicitações particulares dos familiares dos presos ou de grupos de cidadãos, como também nas petições que as comissões ou organizações nacionais e internacionais, oficialmente, dirigiam às autoridades do regime. Os alertas eram patenteados através de circulares ou declarações, subscritas por conjuntos de pessoas e tornadas públicas sob forma de manifesto da vontade geral da sociedade civil. Da contestação procurava-se fundar uma consciência política susceptível de constituir um ponto de vista sustentado pela denúncia e argumentação dos factos que apontavam para a gravidade da situação dos presos políticos.

Exortava-se para a necessidade de união de todos em torno de um desígnio que se requeria como sendo de interesse comum, na medida em que uma problemática ganha contornos públicos quando se descentraliza do âmbito pessoal ou do grupo, para fazer um eco transversal às classes e grupos de uma determinada sociedade. Sendo assim, com todo o rigor, podemos falar de uma opinião pública relacionada com a problemática dos presos e das prisões políticas do Estado Novo. O interesse individual e colectivo na denúncia da repressão no Tarrafal transcendeu e ganhou vozes num campo social e político cada vez mais alargado, revelando o nível de acuidade que a representação daquela prisão ganhou nos meios nacionais e internacionais, acentuando assim uma necessidade de intervenção.


## As representações discursivas sobre a prisão do Tarrafal

A primeira questão a ter em consideração neste ponto prende-se com o facto de as representações discursivas sobre a imagem pública da prisão do Tarrafal terem sido produzidas, como era de esperar, em função dos locais e das fontes de enunciação dos discursos. A segunda questão incide sobre a necessidade de contextualizarmos as diferentes representações, tendo em atenção que elas foram elaboradas a partir de dois campos irredutíveis, completamente opostos: de um lado, o discurso oficial do regime, do outro, o discurso contestatário da oposição, da opinião pública. Do discurso oficial produzido pelo regime, a representação da prisão do Tarrafal é a de um estabelecimento especial destinado ao internamento de presos políticos, condenados à pena de desterro e prisão no local de desterro. Pretendia-se construir a ideia segundo a qual a colónia penal do Tarrafal constituía uma prisão como qualquer outra do continente, mas com a particularidade de ser um estabelecimento especial para a regeneração, reconversão e depuração política e ideológica do preso, até o seu retorno à vida comunitária. Aliás, o discurso celebratório de definição dos destinos de condenação dos crimes políticos e da fundação da prisão do Tarrafal elucida bem esta perspectiva que tenta destacar a especificidade daquele estabelecimento prisional, com realce para dois aspectos dignos de nota: primeiro, a propositada denominação de Colónia Penal; segundo, o argumento legitimador da ideia segundo a qual os presos políticos deviam ser internados em estabelecimentos especiais[202].

A denominação de colónia penal atribuída à prisão do Tarrafal, criada em 1936, representava também a intencionalidade do regime na dissuasão da carga repressiva que a fundação de uma prisão numa ilha do então ultramar poderia representar e significar perante a opinião pública exterior ao regime. Por esta razão, o discurso oficial do Estado Novo insistia sempre no uso terminológico de colónia penal, como forma de ludibriar as suas intenções repressivas com o envio de deportados para o Tarrafal. Tudo isto porque, conceptualmente, uma colónia penal significa uma organização ou um estabelecimento de carácter correccional, decretado exclusivamente para o cumprimento da pena sob um regime de instrução dos condenados em vários trabalhos (agrícolas, industriais, artesanais, etc.), como forma de correcção e de regeneração moral. Uma colónia penal é um espaço destinado ao cumprimento da pena de condenação correccional, através da instrução

---

[202] Cf. Decreto-lei n.º 23:203, de 6 de Novembro de 1933; Decreto-lei n.º 26:539, de 23 de Abril de 1936.

dos condenados num severo regime de trabalho, longe dos seus meios sociais de origem. Sendo a colónia penal um estabelecimento de carácter correccional, os objectivos da sua criação são patenteados como estando em acordo com os princípios que buscam trazer os homens à vida honesta e livre através do trabalho, da disciplina, da assistência religiosa e moral, com o objectivo de incutir nos condenados o amor ao trabalho e o respeito pela moral, encaminhando-os para uma vida honesta em liberdade. Normalmente, os trabalhos numa colónia penal são orientados para fins correccionais, ficando o aproveitamento económico dos mesmos para o auto-abastecimento da colónia ou para a satisfação das necessidades de outros serviços públicos, quando a quantidade da produção o justifica; só em casos excepcionais é que se orienta a produção para o mercado particular[203]. Numa colónia penal, para além do trabalho correccional e da instituição de uma educação moral, poderia por vezes pretender-se também proporcionar aos condenados uma educação literária, cívica e física, de acordo com o regime de internamento previamente definido, à guisa do seu próprio regulamento disciplinar.

Atendendo à categorização conceptual daquilo que representa uma colónia penal, o regime tinha todos os motivos políticos e propagandísticos para insistir nesta denominação a atribuir à prisão do Tarrafal. Contudo, da tradução das memórias, das informações dos presos e das imagens que foram propagadas sobre o Tarrafal, podemos depreender que, na prática, o regime prisional e repressivo transcendeu muito o de uma simples colónia penal para ganhar contornos de um verdadeiro antro de isolamento e de repressão desmesurada dos condenados ao desterro e à prisão no local de desterro. Por isso, nos termos da retórica oficial, a prisão do Tarrafal sempre foi designada de colónia penal, contrastando de forma abissal com a designação com que ela ficou representada e marcada na memória pública, tanto dentro como fora de Portugal.

Importa sublinhar que a designação de campo de concentração para a prisão do Tarrafal é consequência do resultado das atrocidades, das vivências

---

[203] Para alguns exemplos de Colónias Penais e suas produções, veja-se Moreira, 1954, pp. 254-261.

e das experiências de repressão levadas a cabo pelo Estado Novo sobre os presos submetidos a severas condições materiais e imateriais de reclusão e de isolamento, cujo fim trágico da morte chegou a fazer perecer alguns dos condenados que por ali passaram. Como veremos mais adiante, a divulgação propagandística do Tarrafal, à imagem de um verdadeiro Campo de Concentração, levou a que, por vezes, o regime negasse a sua existência enquanto tal. Por agora, importa reter a forma como estas representações abissais e contraditórias de uma mesma prisão ganham designações em consequência das diferentes práticas discursivas, sendo uma de pendor oficial, que busca, por todos os meios, legitimar a sua prática repressiva, e outra de pendor público e denunciadora das arbitrariedades deste mesmo regime.

Um outro ponto digno de realce é o facto de o Estado Novo não utilizar oficialmente a designação campo de concentração para se referir à prisão do Tarrafal, insistindo então sempre na utilização terminológica de colónia penal. Contudo, num dos documentos do Arquivo do Ministério do Interior, datado de 12 de Março de 1935, o juiz chefe da Repartição Autónoma de Justiça e Cultos, Fernando d'Albuquerque, faz referência à rápida necessidade de "construção do campo de concentração em Cabo Verde"[204], como forma de evitar a repartição dos degredados que eram banidos para Angola. Uma outra referência ao uso terminológico de campo de concentração encontra-se numa carta da Polícia de Vigilância e Defesa do Estado dirigida ao senhor Leal Marques, onde ficou explícito que tinha havido novamente uma conversa com o Ministro do Interior sobre o campo de concentração de Cabo Verde[205]. No estado actual da nossa investigação, podemos assegurar que estas são as únicas e poucas menções oficiais sobre a referência da prisão do Tarrafal como "campo de concentração". Importa dizer ainda que estas alusões foram feitas antes da fundação da prisão do Tarrafal em 1936. Todavia, importa reter que na gramática do discurso oficial, a denominação prevalecente e sempre defendida pelo regime foi a de colónia penal.

Se, por um lado, a representação oficial da prisão do Tarrafal ficou simplesmente por esta denominação legal – colónia penal – por outro lado,

---

[204] IAN/TT, MI, GM, mç.477, NT.349, pt.11/2.

[205] IAN/TT, AOS/CO/PC – 3B, pt.20.

ela permaneceu inscrita e eternizada na memória pública como um campo de concentração. Razão para dizer que, desde a sua fundação em 1936, as horrendas representações públicas da imagem da prisão do Tarrafal resultaram do conhecimento exterior da oposição sobre as modalidades do exercício da repressão posta ao serviço do regime no interior daquele estabelecimento de reclusão de desterrados políticos. Por isso, ela aparecia constantemente referida no *Avante!* como "campo de morte do Tarrafal"[206]. Daí que, na sequência do exercício da repressão violenta sobre os presos políticos ali encerrados, a prisão do Tarrafal ficou marcada e eternizada não só na memória dos presos mas também na memória pública, como a mancha negra do regime salazarista. Assim, campo da morte do Tarrafal, campo da morte lenta, pântano da morte, aldeia da morte, são denominações e metáforas que tentam traduzir e representar a dramática experiência da vida dos presos políticos condenados ao desterro e à prisão no local de desterro. Denominações essas que eternizam a imagem do Tarrafal como um verdadeiro antro de repressão, refutando assim a retórica oficial, que ostentava a fachada legal da existência de uma colónia penal.

Portanto, colónia penal era uma denominação posta ao serviço de uma linguagem própria, produzida pelo regime para sustentar a suposta invisibilidade pretendida com a funcionalidade deste instrumento político e repressivo; ou ainda para negar a existência do Tarrafal, enquanto antro de repressão de presos políticos, quando confrontado com a denúncia internacional de manter sob austeras condições de prisão, numa ilha, presos políticos opositores do regime. Por isso, "a mera existência de tal sistema (...) é nódoa que em vão todos os perfumes duma retórica pseudo-cristã tentariam justificar em abono do regime que o concebeu e pôs em aplicação"[207]. Sendo assim, colónia penal e campo de concentração são designações e representações discursivas diferentes e opostas, que oscilavam entre o discurso reaccionário e a contestação da opinião pública oposicionista,

---

[206] Cf. *Avante!*, n.º 45, VI Série, Dezembro de 1943; *Avante!*, n.º 46, VI Série, I.ª Quinzena de Janeiro de 1944; *Avante!*, n.º 43, VI Série, I.ª Quinzena de Fevereiro de 1944; *Avante!*, n.º 72, VI Série, 2.ª Quinzena de Fevereiro de 1945.

[207] Medina (Dir.), 1990, p. 221.

para caracterizar o mesmo instrumento repressivo do regime – a prisão do Tarrafal. Daí que, em termos reais, a designação colónia penal não passava de uma representação que se inscrevia numa certa retórica de poder; por outro lado, campo de concentração era uma designação tributária da oposição e que procurava traduzir a realidade das arbitrariedades e da repressão sobre os presos políticos desterrados no Tarrafal, onde alguns tinham perecido e outros continuaram internados por períodos sucessivos de reclusão. Em suma: *Campo da Morte*, *Aldeia da Morte*, *Pântano da Morte* e *Campo da Morte Lenta*, são reproduções e denominações para caracterizar um único espaço marcado pela memória da violência política do Estado Novo sobre os presos políticos que passaram pelo Tarrafal. Isto é, são imagens que tentam traduzir a realidade daquilo que foi o calvário da deportação no Tarrafal, marcado pela luta entre a opressão e a liberdade, entre a vida e a morte, e entre a memória e o esquecimento.

### As primeiras informações do Tarrafal na opinião pública

Do Tarrafal para a opinião pública: este constitui o verdadeiro quadro da forma como o percurso das informações sobre a prisão do Tarrafal começou a ser veiculada e divulgada para o exterior. Através de algumas informações escritas clandestinamente por alguns presos e que foram tornadas públicas, ficaram conhecidas as primeiras notícias sobre as condições de reclusão daqueles que tinham sido enviados para a recém-instituída colónia penal de Cabo Verde, na ilha de Santiago. Assim, a denúncia sobre a repressão no Tarrafal começou, primeiramente, a partir de algumas narrativas dos presos que escaparam ao crivo da censura e, imediatamente, foram publicadas no *Avante!*, inclusive, alguns meses após a instalação dos primeiros presos, em Outubro de 1936. As primeiras notícias acerca da situação dos presos no Tarrafal começaram então a chegar ao conhecimento público, através daquele órgão do Partido Comunista, a partir de Janeiro de 1937, com a publicação de excertos que retratavam o quotidiano repressivo que caracterizava a vida dos deportados. Os primeiros informes eram tendencialmente descritivos, caracterizadores do espaço e das circunstâncias materiais que condicionavam a adaptação dos mesmos à realidade da deportação: por exemplo, o cerco dos arames farpados, a constante presença e vigilância de soldados armados, o clima e as condições de alojamento nas oito primeiras barracas de lona instaladas para o acolhimento dos presos, o abastecimento da água conduzido por mulheres nativas que a transportavam em latas, os trabalhos executados, etc[208]. Este é apenas um pequeno quadro das primeiras informações que começaram a ser expostas para o conhecimento público com vista à denúncia e à mobilização de uma oposição a favor dos portugueses internados no Tarrafal; uma oposição que, por vezes, tinha uma cara político-partidária ostentada pelo Partido Comunista Português – PCP – que, como já demonstrámos, através do seu órgão central de informação – o *Avante!* – publicava algumas notas sobre os presos políticos deportados, denunciando a situação e exortando a opinião pública para a necessidade de uma unidade e de uma luta incessante com vista à salvação daqueles que se encontravam presos nas garras do salazarismo. Nas suas advertências escritas, aquele órgão informativo não se coibia de chamar a atenção para a necessidade de um sentido de oposição e de luta a favor da extinção do Tarrafal e da libertação de todos os presos políticos: "É preciso que todo o povo português se una para arrancar à víbora fascista os melhores filhos de Portugal"[209].

Se desde os primeiros momentos da sua fundação, a prisão do Tarrafal ganha (pela negativa) as atenções críticas das posições públicas oposicionistas, contudo, é com a anunciação da ocorrência das primeiras mortes dos presos políticos ali internados que as forças da oposição e da opinião pública começam a ganhar a noção e a ideia da sinistralidade daquele aparelho repressivo. A força do impacto do acontecimento estava justamente no número de mortos, sete, ocorrido no curto período de tempo que medeia entre Setembro e Outubro de 1937. A denúncia das primeiras mortes fez com que a oposição começasse a denunciar publicamente a prisão do Tarrafal como um verdadeiro campo de tortura e de morte. Subsequentemente,

---

[208] Cf. *Avante!*, n.º 26, Série II, I.ª Quinzena de Janeiro de 1937; *Avante!*, n.º 34, Série II, 2.ª Semana de Maio de 1937, in *Dossier Tarrafal*, Lisboa, edições Avante!, 2006, pp. 22-26.

[209] *Ibidem*, p. 26.

em Janeiro de 1938, ficou explicitamente escrito que "as torturas inquisitoriais e os assassinatos estão na ordem do dia. (...). No Tarrafal, foram há pouco igualmente assassinados 7 presos"[210]. A partir destas primeiras mortes, em 1937, deu-se então aquilo que podemos denominar de radicalização do discurso de denúncia em relação ao regime e em relação ao Tarrafal: "Portugueses: *Unamo-nos e lutemos, e o triunfo será nosso*"[211].

Na esteira das mesmas solicitações encontramos também as pretensões escritas formuladas por familiares dos presos políticos, suplicando alguma clemência a favor dos deportados que se encontravam internados no Tarrafal. Por exemplo, em Abril de 1939, um grupo de mulheres esposas de presos políticos dirigiram uma carta ao Presidente do Conselho, Salazar, clamando a promulgação de uma ampla amnistia a favor dos presos que viviam nas prisões do continente ou no degredo, por terem agido em discordância com a marcha da política conduzida pelo regime. Apesar de assumirem que o pedido estava a ser feito, aparentemente, para o proveito próprio das mesmas, todavia, elas não deixavam de reconhecer que a acção encarnava e representava uma vontade muito mais abrangente que se estendia para o proveito do próprio país. Por esta razão, ficou bem explícito que, para o bem do país, era a felicidade que entrava na família; para o bem do país, era o findar da miséria que vinha corroendo os lares; para o bem do país, secariam lágrimas de olhos, já cansados, uns pelo passado demasiadamente longo, alvoroçados outros pelo futuro ameaçador. Cientes de que estavam a acompanhar todas as acções dos seus maridos e de terem sido esposas dedicadas que se reviam nos procedimentos dos seus companheiros, que elas reputavam de dignos, essas mulheres não deixaram de salientar que apoiavam as suas atitudes movimentadas porque os queriam homens e porque eles, perante os seus olhos, ficariam diminuídos, se porventura

---

[210] Cf. Avante!, n.° 66, Série II, 2.ª Semana de Janeiro de 1938, in *Dossier Tarrafal*, Lisboa, edições Avante!, 2006, p. 28. Entre os presos mortos constavam os seguintes nomes: Pedro Matos Felipe, de Almada; Francisco Dias Quintas, de Vila Nova de Gaia; José Pereira e Rafael Tobias Pinto, de Lisboa; Augusto Costa, da Marinha Grande; Cândido Alves Rastalho, de Castro Verde; Abílio Augusto Belchior, do Porto. Ver ainda, IAN/TT, AOS/CO/IN-16, pt.1.

[211] Avante!, n.° 66, Série II, 2.ª Semana de Janeiro de 1938, in *Dossier Tarrafal*, Lisboa, edições Avante!, 2006, p. 29. Em itálico no original.

apresentassem tibiezas ou denunciassem timidez[212]. Por isso, elas foram unânimes em considerar que, quase em cada uma delas, havia motivo de orgulho por uma acção resoluta ou benemerente do marido querido. Daí que a situação de desamparo em que se encontravam as esposas era considerada como prova de que (mais que a responsabilidade culposa dos homens), pairou sobre elas a "macabra" força dos acontecimentos, sendo os maridos presos quase que "inculpados" e elas as mais "sofredoras" vítimas. Nas suas linhas, descreviam também a situação de desamparo em que se encontravam, salientando que entre elas havia umas que já tinham sofrido "atrozmente" e outras que tinham sofrido em menor grau, mas que todas elas olhavam para o futuro como para um espectro que as ameaçava de fome e lhes acenava com a miséria. Por isso, elas se dirigiram a Salazar nos seguintes termos: "vimos pedir a clemência do Governo da Nação, representado no seu Presidente do Conselho; a vossa clemência, mandando libertar todos os presos políticos, promulgando uma larga amnistia. Seria um acto que daria alegria, levaria pão, enxugaria lágrimas a milhares de famílias, já cansadas de tristeza, já alquebradas por carências, já comidas pelo pranto; a vossa clemência, assim patenteada, iria surpreender o País inteiro, criaria nele um gesto sublime de aprovação; ele espargiria sobre o vosso nome um sentimento de perene agradecimento, a assinalar o acto de fulgurante generosidade. Seria nosso, o primeiro agradecimento. É esse acto de clemência que à Vossa Excelência vêm pedir todas as que perante Vossa Excelência se encontram, confiantes na vossa generosidade cristã"[213].

A maior popularização da prisão do Tarrafal na opinião pública é tributária das primeiras mortes ocorridas a partir de Setembro de 1937 e dos demais casos de falecimento de presos políticos ocorridos ao longo de 1938 e 1939 e até aos finais da década de 1940, mais precisamente em 1948/49. Por exemplo, de entre alguns que pereceram durante a década de 1940 estão nomes como o de Mário Castelhano (1940) e de Bento Gonçalves (1942). Ao longo desse período intensificaram-se as actividades de divulgação e de

---

[212] IAN/TT, AOS/CO/PC – 3B, pt.23, *Carta dirigida ao Excelentíssimo Senhor Presidente do Conselho e subscrita por um conjunto de mulheres*, Lisboa, 6 de Abril de 1939.

[213] *Ibidem.*

denúncia da situação dos presos no Tarrafal. As advertências eram dirigidas de forma categórica, ao mesmo tempo que as mensagens e as comunicações dadas ao conhecimento da opinião pública ostentavam títulos bem exortativos: "Salvemos os condenados à morte do Tarrafal!". "Lembremo-nos dos nossos mártires do Tarrafal"[214].

Se desde finais da década de 1930 e ao longo da primeira metade da década de 1940 a preocupação fundamental se centrava na denúncia da existência do Tarrafal como destino de deportação e de prisão dos opositores do salazarismo, todavia, na segunda metade da década de 1940, o teor discursivo sobre o Tarrafal e sobre os presos políticos, veiculado pelo jornal *Avante!*, ganha outra dimensão. Por exemplo, no início, a formulação das denúncias pretendia explicitar, informar e, ao mesmo tempo, solicitar ao público que escrevesse às embaixadas, aos correspondentes de jornais estrangeiros, às autoridades eclesiásticas, a pessoas conhecidas no continente, nas colónias ou no estrangeiro, patenteando a situação dos presos no Tarrafal. Contudo, num segundo momento, a partir de 1945, as enunciações passaram a ser formuladas como apelos de luta para a extinção daquela prisão e para a libertação de todos os presos políticos. Por exemplo, em 1945 foi lançado um órgão de informação denominado *Tarrafal*, que anunciava ser um "grito de guerra" contra a repressão salazarista[215]. Não podemos esquecer que esta conjuntura é corolário do período subsequente à Segunda Guerra Mundial, marcado por uma maior reivindicação da oposição e da opinião pública contra a manutenção das políticas repressivas do regime, principalmente o internamento de presos sem julgamento e a manutenção dos mesmos para além do cumprimento da pena principal.

Outro acontecimento que também caracteriza este período foi a execução de uma amnistia concedida pelo Decreto-lei n.º 35:041, de 18 de Outubro de 1945, a favor de alguns presos políticos internados no Tarrafal e também no forte de Peniche. Segundo o *Diário da Manhã*, de 26 de Outubro de

---

[214] *Avante!*, n.º 18, Série VI, I.ª Quinzena de Outubro de 1942; *Avante!*, n.º 18, Série VI, I.ª Quinzena de Outubro de 1942, in *Dossier Tarrafal*, ..., pp. 29 e 32 respectivamente. Com os mesmos títulos cf. ainda *Avante!*, n.º 42, Série VI, 2.ª Quinzena de Outubro de 1943; *Avante!*, n.º 48, Série VI, I.ª Quinzena de Fevereiro de 1944.

[215] Cf. *TARRAFAL: Órgão Antifascista da F. D. L*, 24 de Junho, 1945.

1945, dos 157 presos que se encontravam no Tarrafal e de um total de 43 que se encontravam no forte de Peniche, foram amnistiados ou indultados 131, tendo ficado em Cabo Verde cerca de 56 condenados e 4 em Peniche. Tanto a amnistia como a intensificação dos protestos de uma opinião pública cada vez mais contestatária são corolários de uma fase de alguma atenuação da política repressiva do regime, em 1945. O Decreto-lei que concedia a amnistia era claro em anunciar que, após o fim da conflagração mundial, restituída a Europa à paz e à tarefa de reconstrução, Portugal tinha motivos "fortes de júbilo" e "poderosos" para a concessão de ampla amnistia e indulto de todos os crimes contra a segurança exterior e interior do Estado[216]. Tal como ficou explícito, esta amnistia serviria para dar a ideia do "extremo da generosidade" do Estado Novo para com os seus inimigos declarados e activos. Por outro lado, estava a tentar-se propagandear a ideia de um regime que pretendia veicular a sua imagem de benignidade, uma vez que o uso da força repressiva e do desterro político tinham sido utilizados em nome da necessária defesa do suposto interesse geral da Nação; por isso, aspirava-se que a amnistia representasse o perdão e o novo acolhimento daqueles que um dia se rebelaram contra a sua Pátria, pondo assim em destaque a imagem de indulgência, de reconciliação e do acolhimento generoso prestado aos filhos supostamente regenerados, então devolvidos à comunidade de origem.

Para além da propaganda pública sobre a generosidade do Estado Novo com a concessão da amnistia, o regime insistia na retórica e na ideia segundo a qual, a colónia penal de Cabo Verde (Tarrafal), na ilha de Santiago, possuía instalações em muito superiores às da colónia penal de Pinheiro da Cruz, em Grândola, e que, de todas as colónias penais do continente, só a de Alcoentre se poderia considerar em melhores condições do que a de Cabo Verde[217]. Contudo, em contraposição com a retórica oficial, o discurso contestatário continuava a apregoar as suas palavras de ordem: "o Povo exige a Extinção do Campo de Concentração do Tarrafal"; "A Voz da Nação Reclama a Extinção do Campo do Tarrafal"; "escrevei por toda a parte: EXTINÇÃO

---

[216] Cf. Decreto-Lei n.º 35.041, de 18 de Outubro de 1945.

[217] Cf. *Diário da Manhã*, 26 de Outubro de 1945.

DO TARRAFAL!"[218]. Um dos objectivos fundamentais da intensificação da denúncia residia na tentativa de propalar internacionalmente a problemática do Tarrafal enquanto imagem negra da verdadeira repressão política salazarista.

Portanto, através da opinião pública, encarnada nas várias facetas oposicionistas ao Estado Novo, o Tarrafal ficou celebremente conhecido como destino de exílio e internamento forçado dos opositores políticos do Estado Novo. A força da reivindicação da opinião pública nacional e internacional contribuiu para acelerar o encerramento daquela prisão em 1954: "En 1954, à la suite d'une longue et persistant campagne, le mortel Camp de Concentration du Tarrafal disparaissait, en tant que prison politique"[219]. Contudo, apesar dos contornos públicos e da dimensão nacional e internacional da problemática do Tarrafal, o regime insistia na sua retórica dissuasora, afirmando que só quem conhecia pormenorizadamente o funcionamento daquele estabelecimento prisional se poderia pronunciar com inteira justiça sobre o assunto. Nesta mesma sequência, tentaram explicitar a ideia de ter havido nas apreciações e nas críticas feitas à colónia penal do Tarrafal algum exagero, uma vez que "bastaria a sua condição de cadeia política para a transformar em motivo de apaixonadas discussões e fazer dela um argumento sectário contra o regímen que, para a sua defesa, a instituiu"[220].

### *Reacções da opinião pública (mundial) em relação ao Campo de Trabalho*

Os dois períodos da história da prisão do Tarrafal ficaram marcados por dois momentos de contestação, sendo cada um deles caracterizado por formas e conteúdos diferentes. Como já demonstramos, entre os anos de

---

[218] *Avante!*, n.º 111, Série VI, Dezembro de 1947; *Avante!*, n.º 125, Série VI, 2.ª Quinzena de Outubro de 1948, in *Dossier Tarrafal*, ...pp. 46 e 57 respectivamente. Cf. ainda pp. 46-56. Maiúscula no original.

[219] Cf. *Amnistie: une fleur qui manque au Portugal – Pour la ténue de la 1ʳᵉ. conférence des pays d'Europe occidentale pour l'amnistie aux emprisonnées et exilés politiques portugais*, Amnistie Internationale, Paris, 1962, p. 32, Centro de Documentação 25 de Abril, Universidade de Coimbra (UCCD25).

[220] Cf. *O Século*, n.º 25.781, Ano 74.º, de 10 Janeiro, 1954.

1937 e 1945, podemos falar de uma primeira fase, mediada inicialmente pela denúncia, passando pela difusão, até à construção de algum conhecimento sobre as condições de repressão a que estavam submetidos os presos políticos em Cabo Verde. A partir de 1945, parece legítimo falar de uma segunda fase de contestação, caracterizada fundamentalmente por uma maior popularização do Tarrafal e por uma radicalização da postura discursiva da opinião pública através da reivindicação da amnistia, da libertação dos presos políticos e da extinção daquela prisão.

Aquando da sua extinção legal em 1956, movida pelos protestos da oposição e da opinião pública, a colónia penal do Tarrafal já era do conhecimento público geral. Se, por um lado, a fase de 1945 ficou caracterizada por um atenuar da repressão, os anos subsequentes a 1961 ficaram marcados por vagas de investidas repressivas nos espaços coloniais africanos, sobretudo com prisões, deportações e internamentos dos anticolonialistas, sem julgamento, nos vários campos de concentração e colónias penais no então ultramar.

A imagem pública da prisão do Tarrafal estava já de tal forma popularizada na consciência pública portuguesa e internacional que, imediatamente a seguir à sua reabertura em 1961, sob a designação de Campo de Trabalho de Chão Bom, iniciaram-se os protestos de reivindicação contra o envio e o internamento de novos presos políticos naquele estabelecimento prisional. Tal como já tivemos oportunidade de demonstrar, a designação Campo de Trabalho transporta, discursivamente, aquilo que propomos denominar de tergiversação conceptual: "afin de camoufler la réouverture du Camp de Concentration du Tarrafal et conscients de la sinistre réputation de son nom, les autorités fascistes lui ont donné la désignation nouvelle de camp de travail de Chão-Bom"[221].

A reabertura da prisão do Tarrafal reactivou também a consciência pública sobre as reminiscências daquilo que foi a colónia penal durante os dezoito anos do seu primeiro funcionamento. Por isso, partindo do pressuposto que a imagem da prisão já estava inscrita na memória pública, podemos afirmar que a sua reabertura provocou uma nova mobilização de protestos partindo, desta vez, de fora para dentro: contestava-se e reclamava-se a todos que

---

[221] Cf. Dossier Presos Políticos e Prisões I, Pasta Diversos, "Trois Cas de Legislation Repressive", Centro de Documentação 25 de Abril, Universidade de Coimbra (UCCD25).

olhassem para o Tarrafal. Queremos dizer com isto que as denúncias e os protestos da opinião pública, desde muito cedo, começaram a apelar para a vigilância e para que a atenção de todos fosse virada para o Tarrafal, tal como revelam alguns retalhos da imprensa internacional. Aliás, não podemos deixar de sublinhar que os recortes de imprensa, os panfletos e circulares eram sempre interceptados, fotocopiados ou transcritos e, automaticamente, distribuídos pelas diversas delegações da PIDE, para a direcção desta mesma polícia, ou para algum ministério.

As denúncias e os protestos recomeçaram a partir de 1962, ano da chegada das primeiras levas de presos políticos africanos ao Campo de Trabalho de Chão Bom. Contudo, a partir de 1963, a opinião pública internacional começa a denunciar a política repressiva do regime, no contexto da guerra nas colónias, e a prisão e o internamento forçado dos anticolonialistas. Por exemplo, em Janeiro de 1963, o jornal *L'Humanité* escreveu que "les autorités portugaises ont reouvert dans les îles du Cap Vert, sou un climat torride, un camp de concentration à Tarrafal... Ils rejoindraient plusieurs de nationalistes angolais déjà incarcérés à Tarrafal"[222]. O que se pretendia, primeiramente, era chamar a atenção sobre a reutilização que o salazarismo estava novamente a fazer desse instrumento repressivo; seguidamente, apelava-se para a necessidade de uma campanha contra o envio de presos para aquela prisão e contra a repressão colonial.

Contra a reabertura do Tarrafal foi também o manifesto de Humberto Delgado e de Rui Luís Gomes, publicado no jornal brasileiro *Luta Democrática*, de Fevereiro de 1963, onde se alertava que "exactamente quando os métodos colonialistas do governo português são condenados pelo mundo civilizado, provocantemente o governo do Dr. Salazar reabre o campo de concentração do Tarrafal, na colónia africana de Cabo Verde"[223]. Os dois signatários consideravam que este acto do governo representava um "CRIME CONTRA A HUMANIDADE" e que cabia aos asilados a inevitável obrigação de fazer

---

[222] IAN/TT, Arquivo da PIDE/DGS, Serviços Centrais, Campo de Trabalho de Chão Bom, Processo n.º 754/61-SR, NT.3075, *L'Humanité*, 19/1/63, fl. 289.

[223] IAN/TT, Arquivo da PIDE/DGS, Serviços Centrais, Campo de Trabalho de Chão Bom, Processo n.º 754/61-SR, NT.3075, fls. 265e 286.

ouvir a sua voz no exterior (eis o que estava a ser feito através deste apelo). Por isso, em nome da solidariedade, os signatários pediam que, em cada país, em cada povoação, em cada classe, em cada agremiado das fábricas ou dos campos, se erguessem vozes altissonantes, exigindo o imediato "reencerramento desse abominável campo de morte, dessa vergonhosa chaga de uma Civilização"[224]. O manifesto de Humberto Delgado e Rui Luís Gomes foi imediatamente noticiado no *Diário de Notícias*, no *Diário Carioca*, ambos do dia 23 de Fevereiro de 1963, e ainda na *Présence Africaine* de Abril de 1963.

Na terceira de uma série de reportagens, o jornal brasileiro *Última Hora* (Recife), de Fevereiro de 1963, publica o seguinte título: *Reabertura do Tarrafal é um Crime contra a Humanidade*. Reconhecia-se que a luta subterrânea para a extinção do Tarrafal se desenrolou por anos a fio desde a sua criação sem que a imprensa diária oficial portuguesa publicasse uma linha sobre o assunto; qualquer alusão, directa ou indirecta ao presídio do arquipélago de Cabo Verde, era suprimida sistematicamente pela censura. A partir de 1942, quando o movimento da opinião pública ganha corpo, frases contestatárias como "Abaixo Campo de Morte Lenta" ou "Liberdade para todos os presos políticos", começam a parecer com mais frequência nas reclamações ostentadas pela oposição ao regime.

Estas manifestações da opinião pública não passavam à margem do conhecimento das autoridades. Por exemplo, em Março e Maio de 1963, foram remetidas para direcção da PIDE algumas fotocópias de recortes de imprensa brasileira, contendo referências ao manifesto lançado por Humberto Delgado e Rui Luís Gomes, contra a reabertura do Tarrafal, e uma outra fotocópia contendo referências sobre um cidadão português de nome Ângelo Ferreira da Silva, que tinha levado uma fotografia à redacção do *Última Hora*, mostrando o cemitério do Tarrafal, onde uma mãe depositava flores no túmulo do seu filho. Consta ainda que a referida fotografia tinha sido enviada pelo prisioneiro Guilherme da Costa Carvalho ao professor Rui Gomes[225].

---

[224] *Ibidem*.

[225] IAN/TT, Arquivo da PIDE/DGS, Serviços Centrais, Campo de Trabalho de Chão Bom, Processo n.º 754/61-SR, NT.3075, fls. 280, 282, 283 e 284.

Apesar do presídio do Tarrafal ter sido reutilizado, em 1961, para o internamento de presos políticos africanos, a opinião pública oposicionista receava o envio, novamente, de presos políticos portugueses para Cabo Verde, tal como ficou patente no boletim de notícias e informação da Comissão Britânica para a Amnistia Portuguesa (30 – Bensos Road Londres, S.E. 23 Sec. Sr<sup>a</sup>. H. Ward). O referido boletim criticava a problemática dos presos políticos portugueses e africanos e anunciava a necessidade de uma campanha contra a repressão em Portugal. Ficou bem explícito que não se podia menosprezar a importância dos protestos para constituir pressão de vulto, uma vez que, mesmo não produzindo resultados imediatos, eventualmente teria efeitos de muito alcance[226].

O ano de 1963 é caracterizado fundamentalmente por erupções de vagas de protestos contra a reabertura do Tarrafal, provenientes de pessoas anónimas individuais, de grupos subscritores das petições, de familiares dos presos, da oposição, etc. Um dos exemplos bem elucidativos deste facto está no texto de uma petição protagonizada por Helena Silveira, enquanto presidente da União Brasileira de Escritores, e dirigida ao Secretário-Geral da Organização das Nações Unidas (ONU), em Março de 1963. A referida petição foi subscrita por um conjunto de cerca de vinte e um indivíduos composto por profissionais liberais, intelectuais, políticos, jornalistas e escritores, representando a profunda indignação da opinião pública brasileira perante o conhecimento da reabertura da prisão do Tarrafal, na colónia portuguesa de Cabo Verde. Fazendo referência ao internamento de angolanos e de guineenses, a petição não deixou de sublinhar que, apesar da prisão ter sido fechada uma vez sob a pressão da opinião pública, manifestada numa série de campanhas de protesto, o regime voltou a reutilizá-la, mesmo perante as acusações de democratas portugueses. O manifesto considerava pertinente abster-se na enumeração dos crimes que assinalavam a "trágica história" do Tarrafal, como também não mencionar as primitivas vítimas, cujos ossos se encontravam sepultados no cemitério da pequena ilha tropical [Santiago]. Por esta razão, a reabertura do Tarrafal foi

---

[226] IAN/TT, Arquivo da PIDE/DGS, Serviços Centrais, Campo de Trabalho de Chão Bom, Processo n.º 754/61-SR, NT.3075, *Comissão Britânica para a Amnistia Portuguesa: Campanha Contra a Repressão Em Portugal, Boletim de Notícias e Informação* n.º 2, Abril de 1963, fls. 272-275.

considerada como um "acto criminoso" contra a humanidade, cujos signatários tomaram a liberdade de exprimir, sem qualquer opinião de natureza política. Assim, para os subscritores da petição, a opinião pública brasileira e a consciência democrática de humanidade exigia que o Tarrafal fosse encerrado de uma vez para sempre: eis o que os signatários, interpretando a opinião pública brasileira, esperavam do Secretário-geral das Nações Unidas, defensora da paz e da harmonia internacionais[227].

Porém, face aos protestos de uma opinião pública vincada, o contradiscurso do regime considerava que as informações publicitadas num documento oficial das Nações Unidas sobre a reabertura do estabelecimento prisional do Tarrafal não passavam de "boatos". O mesmo contradiscurso chegou a negar, determinantemente, a reabertura do Campo do Tarrafal, através de um comunicado à imprensa da Missão Permanente de Portugal nas Nações Unidas, datada de 31 de Maio de 1963, mencionando o seguinte: "os ditos boatos são inteiramente destituídos de fundamento. Não é verdade que o estabelecimento prisional do Tarrafal para delinquentes políticos e sociais nas ilhas de Cabo Verde, encerrado há muitos anos, tenha sido reaberto, ou que quaisquer pessoas tenham sido enviadas para ali, ou ainda que tenham sido objecto do tratamento descrito nos boatos em referência"[228].

Partindo do pressuposto de que o Campo de Chão Bom foi reaberto em 1961 e que a primeira leva de prisioneiros chegou em 1962, podemos aventar duas hipóteses: a primeira, é a de que a Missão Permanente de Portugal nas Nações Unidas estava completamente à margem da política e das acções repressivas do regime; a segunda hipótese prende-se com o facto de o regime pretender branquear a repressão colonial e o internamento dos anticolonialistas no Tarrafal.

O activismo da opinião pública contra a reabertura do Tarrafal e contra a repressão dos presos políticos africanos e portugueses ganhava cada vez

---

[227] IAN/TT, Arquivo da PIDE/DGS, Serviços Centrais, Campo de Trabalho de Chão Bom, Processo n.º 754/61-SR, NT.3075, *Comité Especial para a Comissão da Independência aos Países e os Povos Coloniais – Petição de Miss Helena Silveira e Outros*, Março 1963, fls. 267-269.

[228] IAN/TT, Arquivo da PIDE/DGS, Serviços Centrais, Campo de Trabalho de Chão Bom, Processo n.º 754/61-SR, NT.3075, *Missão Permanente de Portugal nas Nações Unidas, Comunicado à Imprensa*, n.º 7/63, 31 de Maio de 1963, fl. 270.

mais apoiantes no Brasil, através dos manifestos de intelectuais, parlamentares e dirigentes sindicais brasileiros, que recolhiam assinaturas em cidades como S. Paulo e Rio de Janeiro, dirigindo posteriormente esses apelos, por exemplo, à ONU, solicitando o encerramento do Campo do Tarrafal. Também, na Venezuela, a campanha contra a reabertura do Tarrafal foi conduzida pela junta patriótica portuguesa, que exortou o povo venezuelano e os emigrados portugueses a enviarem telegramas e mensagens de protestos, tanto ao governo português como também à Comissão dos Direitos do Homem. No entanto, considerava-se que, apesar de os presos políticos portugueses não terem sido enviados para o Tarrafal, a vitória não seria completa, enquanto continuassem ali encerrados patriotas angolanos[229].

Também, num formato diferente, podemos referir a alguns registos escritos de emissões feitas por serviços de rádio e impressas pelos serviços de escutas da PIDE. Caso, por exemplo, da escuta da Estação Rádio Praga, datada de 7 de Julho de 1964, cujo programa era dedicado aos radiouvintes de Rádio Praga no Brasil, onde ficou noticiada que tinham sido reiniciadas as "actividades criminosas" no campo de concentração do Tarrafal situado numa das ilhas de Cabo Verde; numa das rubricas ficou também notificado a entrevista de um angolano sobre a luta de libertação nacional e a situação da mulher angolana no contexto desta mesma luta[230].

No entanto, paradoxal e contraditória foi sobretudo a forma como o regime negou a existência de um estabelecimento prisional no Tarrafal da ilha de Santiago. O Estado Novo, que entre os anos de 1936 e 1950 tinha deportado presos políticos portugueses para o Tarrafal, e reabriu o mesmo presídio, em 1961 para anticolonialistas africanos, chegou a afirmar em 1967 que este Campo não existia. Segundo um documento intitulado *O Tarrafal Não Existe!*, duas individualidades suíças tinham-se dirigido por carta, à embaixada portuguesa, manifestando interesse em visitar o Campo de Concentração do Tarrafal, no arquipélago de Cabo Verde, para verificarem

---

[229] IAN/TT, Arquivo da PIDE/DGS, Serviços Centrais, Campo de Trabalho de Chão Bom, Processo n.º 754/61-SR, NT.3075, fl. 209.

[230] IAN/TT, Arquivo da PIDE/DGS, Serviços Centrais, Campo de Trabalho de Chão Bom, Processo n.º 754/61-SR, NT.3075, *PIDE, Serviços de Rádio Posto de Lisboa, Escuta Estação Rádio Praga,* data 7/7/64, fls. 187-188.

como eram tratados os presos. Os requerentes tiveram resposta assinada pelo encarregado de negócios da embaixada salazarista na Suíça, um tal senhor Empissiz, dando a conhecer textualmente o seguinte: "Tenho a honra de vos informar que as autoridades portuguesas às quais foi transmitido o seu pedido de autorização de visita ao «Campo do Tarrafal», acabaram de me comunicar que lhes é impossível conceder a autorização pedida pelo simples facto de um tal «Campo» não existir"[231]. Esta ocorrência é validada ainda por uma carta de M. Alfredo Margarido, transcrita no jornal *Le Monde*, de Março de 1968, onde ele explicitava que "l'administration portugaise peut en tout état de cause affirmer que ce camp n'existe pas, car sa désignation ainsi que sa fonction ont changé"[232]. Estava claro que, além de recusar a existência do campo, o regime tentava, sobretudo, evitar a transferência da imagem e da memória do Tarrafal como campo de concentração.


## As Visitas da Cruz Vermelha Internacional ao Campo de Trabalho

A partir da segunda metade da década de 1960, a popularização da imagem do Tarrafal despertava cada vez mais a atenção da opinião pública internacional. Nesta sequência, entre os anos de 1969 e 1971, foram realizadas duas visitas da Cruz Vermelha Internacional ao Campo de Trabalho de Chão Bom no Tarrafal. Importa sublinhar que, antes da vista àquela prisão, uma delegação da Cruz Vermelha já tinha percorrido em 1968 algumas prisões em África, particularmente em Moçambique[233].

A primeira visita da comissão da Cruz Vermelha ao Campo de Trabalho de Chão Bom decorreu no dia 19 de Fevereiro de 1969 com uma equipa composta pelo delegado geral Georg Hoffmann e pelo delegado médico Reinhold Wepf. O objectivo fundamental da visita centrava-se no reconhecimento das condições

---

[231] IAN/TT, Arquivo da PIDE/DGS, Serviços Centrais, Campo de Trabalho de Chão Bom, Processo n.º 754/61-SR, NT.3075, *Portugal Democrático*, n.º 124 de Dezembro de 1967, fl. 172.

[232] IAN/TT, Arquivo da PIDE/DGS, Serviços Centrais, Campo de Trabalho de Chão Bom, Processo n.º 754/61-SR, NT.3075, *Le Monde*, de 17/18 de Março de 1968, fl. 168.

[233] Cf. Mateus, 2004, pp. 124-125.

materiais (das instalações) do referido estabelecimento prisional e das diferentes situações a que os presos estavam submetidos, tal como ficaram explícitas nos diversos pontos enumerados ao longo do *Rapport sur la visite*[234]: as condições gerais do Campo, a alimentação, a higiene, o serviço médico, os trabalhos, a assistência religiosa, a situação jurídica e penal dos presos, etc.

A 9 de Setembro de 1971, a Direcção-Geral dos Negócios Políticos do Ministério dos Negócios Estrangeiros comunicava com a Direcção-Geral de Segurança sobre um pedido do Comité Internacional da Cruz Vermelha, no sentido de ser autorizada uma visita a prisioneiros políticos na Guiné, em Cabo Verde (Chão Bom) e em Angola ainda no decorrer do mesmo ano. Ficou decidido que deveriam concordar com a visita apenas ao Campo de Chão Bom, na Província de Cabo Verde, a fim de evitar que aquele Comité viesse a considerar, como um direito institucional, o acordo que só caso a caso, esporadicamente, lhe era atribuído para visitar o ultramar. Determinou-se então que a segunda visita da delegação da Cruz Vermelha se realizaria na segunda metade do mês de Novembro de 1971.

A 22 de Novembro desse mesmo ano, chega ao arquipélago de Cabo Verde a referida delegação, composta pelo Médico Chefe Dr. Roland Marti e pelo Senhor Philippe Zugger, cuja visita ao Campo de Chão Bom foi realizada logo no dia 23, acompanhados do então chefe da repartição central dos serviços de saúde da Província, o Dr. Manuel da Costa, e do então representante da Cruz Vermelha Portuguesa na Província, o Sr. Hermenegildo Ramos, e do Dr. António Maria Pereira, então médico dos serviços de saúde e assistente do Campo de Trabalho. Na parte da manhã, a missão ficou preenchida pela visita ao recinto prisional e às instalações (posto de socorros, cozinha, refeitório, casernas, celas disciplinares, balneários, latrinas, oficina, biblioteca//capela e todas as outras dependências anexas); por sua vez, a parte da tarde ficou marcada pela visita aos presos de diferentes casernas e pela auscultação das suas necessidades e reivindicações. Inicialmente, os delegados queriam

---

[234] IAN/TT, Arquivo da PIDE/DGS, Serviços Centrais, Campo de Trabalho de Chão Bom, Processo n.º 754/61-SR, NT.3075, *Rapport sur la visite au camp de travail «Chão Bom» à Tarrafal sur l'île de Santiago de Cabo Verde*, fls. 154-159.

falar com os presos sem a presença do Director, pretensão que este impediu determinantemente, até à decisão favorável do parecer do Governador.

Numa análise epidérmica dos relatórios e das correspondências relacionadas com as duas visitas à prisão do Tarrafal, podemos aparentemente depreender que os visitantes e outros representantes da Cruz Vermelha ficaram bem impressionados com os resultados das observações aos presos e às condições da vida prisional no Campo de Chão Bom. Esta ideia está bem patente nas considerações feitas pelo Sr. Jean Pictet, Director Geral do Comité Internacional quando, através do conhecimento do relatório, referia que os presos angolanos e guineense se encontravam de "perfeita saúde" e de só chamar a atenção das autoridades portuguesas para dois assuntos tratados na exposição: primeiro, a constatação de que três detidos guineenses tinham sido alvo de violência no momento da sua captura; segundo, a afirmação que o então Director do Campo de Chão Bom, Eduardo Vieira Fontes, fez ao Sr. Hoffmann, que não tinha autorização para consentir que os delegados em visita se encontrassem com os presos sem a presença de testemunhas. Porém, outras considerações, tanto da parte do então chefe do posto da DGS no Tarrafal, José Alves da Silva, como também da parte do Director do Campo, deixam transparecer que os delegados da segunda comissão de visita de 1971 ficaram igualmente "bem impressionados" com o que viram e ouviram. Por exemplo, o Director Eduardo Vieira Fontes afirma que, "segundo as palavras dos próprios, [Roland Marti e Philippe Zugger] parece terem ficado com as melhores impressões sobre o tratamento, o aspecto físico e o ambiente dos presos, no que terão certamente influído, também, o asseio, a ordem e disciplina aqui mantidos. Comparações muito lisonjeiras com outras cadeias, de outros países visitados, foram também feitas quer junto das pessoas quer na presença dos funcionários que acompanharam a missão, pelo que se espera o venham a confirmar por escrito no relatório que hão-de apresentar ao organismo internacional de que são mandatários"[235].

---

[235] IAN/TT, Arquivo da PIDE/DGS, Governo Provincial de Cabo Verde, Campo de Chão Bom, NT.2, Processo n.º 9, Correspondência Diversa, 1961 (set.26) – 1972 (Ago.28), *Secreto Apontamento sobre a II visita ao Campo de Trabalho de Chão Bom de elementos da Cruz Vermelha*, Chão Bom, 24 de Novembro de 1971, fls. 56-61.

Contudo, após uma análise rigorosa das fontes podemos assegurar que as impressões da Cruz Vermelha sobre o Campo de Chão Bom ficaram, em parte condicionadas, insufladas e formatadas pela arrumação prévia, e por algumas alterações que a direcção do Campo e as autoridades da Província imprimiram nos dias das respectivas visitas, de forma a fazer crer (minimamente) que a realidade do Campo era aquela que parecia ser. Nos correspondentes dias das duas visitas (19 de Fevereiro de 1969, e 23 de Novembro de 1971), tudo foi metodicamente preparado de forma a fazer passar uma imagem aparente da vida dos presos e das condições prisionais do Campo de Chão Bom, condicionando assim a observação dos elementos responsáveis pelas visitas. Este facto está bem patente no registo secreto do então Director Eduardo Vieira Fontes: "como da 1.ª visita, foram antecipadamente tomadas medidas discretas com o intuito de diminuir o já de si pequeno aparato policial e militar de segurança. Mantiveram-se as sentinelas constituídas por guardas auxiliares recrutados nesta província, e o serviço interno de guardas da PSP de Angola ficou reduzido a um subchefe e a um guarda"[236]. Outra "medida" foi a ocultação das informações sobre os presos cabo-verdianos, isto é, não foram fornecidos elementos sobre os presos políticos de Cabo Verde (4 julgados e 13 em prisão preventiva), como também nenhuma referência a eles foi feita. Estes estavam nas instalações do Presídio de Cabo Verde, separados rigorosamente dos presos de delito comum. Especial atenção merecem ainda algumas informações pouco fidedignas que o Director Eduardo Vieira Fontes deu à delegação da segunda visita: quando foi inquirido pelos delegados da Cruz Vermelha sobre o motivo da separação dos presos da caserna 3 em relação aos demais das casernas 1 e 2, que andavam juntos, o referido Director replicou que os da caserna 3 se encontravam no Campo há pouco tempo. Entretanto é o próprio chefe do posto da DGS no Tarrafal, José Alves da Silva, que reconhece na sua *Informação* sobre a visita da Cruz Vermelha que, na verdade, esses presos já lá estavam desde Maio de 1970. O mesmo Director tinha também informado os visitantes que todos os presos tinham sido julgados. No entanto, quando alguns reclusos se queixaram aos visitantes que estavam presos sem julgamento, o Director foi confrontado a clarificar essa informação na presença dos presos e dos

---

[236] *Ibidem.*

visitantes, acabando por afirmar que, na realidade, alguns não tinham sido julgados mas que estavam a cumprir medidas de segurança[237]. Um outro facto que ainda marcou a visita, foi a adulteração da informação sobre dois padres suíços – Louis Jean Allaz e Cur Alexi Crettaz – que se encontravam na Calheta, localidade próxima da vila do Tarrafal. Quando um dos delegados, Philippe Zugger, revelou interesse em deslocar-se à Calheta para contactar com os referidos padres, foi informado de que ambos se encontravam no "retiro" e proibidos de falarem fosse com quem fosse, fazendo assim desistir da ideia. Tudo isso por se especular e por se considerar que o padre Louis Allaz "iria dar-lhe informações derrotistas, como costuma fazer"[238]. Portanto, esta efémera adulteração da realidade do Campo de Chão Bom, verificada durante as visitas da Cruz Vermelha, representava a margem silenciada do não dito, silenciada pela direcção do Campo e pelas autoridades coloniais, de modo a ficar interdita ao conhecimento dos visitantes. Por isso, no Campo de Trabalho, só se observava aquilo que estava ao alcance da percepção imediata da arrumada aparência imprimida durante a efémera passagem dos elementos da Cruz Vermelha, e só se observava o que estava previamente enquadrado nos limites da apreensível regulação mediada pela direcção do Campo e pelas autoridades coloniais da ilha. Daí que, entre o observável e o dito, ficaram eclipsadas, adulteradas e silenciadas algumas informações consideradas substancialmente como interditas.

## A Comissão Nacional de Socorro aos Presos Políticos

Ao longo da década de 1960, os grupos de reivindicação da opinião pública ganhavam configurações cada vez mais organizadas, sob formatos de comissões, associações, ou grupos pró-amnistia, de apoio aos presos políticos, como foi o exemplo da Comissão Nacional de Socorro aos Presos Políticos – CNSPP.

---

[237] IAN/TT, Arquivo da PIDE/DGS, Serviços Centrais, Campo de Chão Bom, Processo n.º 754/61-SR, NT.3075, *Informação N° 59/71-S.R.*, Tarrafal e Posto da DGS, 26 de Novembro de 1971, fls. 68-71.

[238] IAN/TT, Arquivo da PIDE/DGS, Serviços Centrais, Campo de Trabalho de Chão Bom, Processo n.º 754/61-SR, NT.3075, *Informação da Direcção Geral de Segurança Cabo Verde para a Direcção Geral de Segurança Lisboa*, Praia, 29 Novembro de 1971, fls. 63-67.

A Comissão Nacional de Socorro aos Presos Políticos foi constituída em finais de 1969. O documento celebratório da sua constituição (datado de 15 de Novembro de 1969) foi assinado por um conjunto de pessoas e acompanhado por um outro documento anexo, de 12 de Dezembro do mesmo ano. Entretanto, foi a 31 de Dezembro desse mesmo ano que se deu entrada, na Presidência do Conselho, do documento que constituiu a CNSPP. Tal como ficou bem explícito no documento da sua constituição, os propósitos da Comissão centravam-se, fundamentalmente, no trabalho de chamar a atenção do Governo e do país para os problemas ligados à situação dos presos políticos: as injustiças cometidas à sombra da legislação aplicável aos presos políticos; tornar realidade as medidas de protecção dos indivíduos e a libertação dos presos políticos, fazendo apelos aos sentimentos de solidariedade e à responsabilidade de todos os cidadãos; auxiliar por todas as formas legais os presos e as suas famílias, etc[239]. O manifesto da divulgação da situação dos presos políticos era dado a público sob forma de circulares, exposições, cartas, telegramas, etc., suficientemente claros, enviados às autoridades ou às pessoas interessadas, de forma a permitir ajuizar os objectivos e as intenções da acção da Comissão e dos seus limites. Através dos seus mecanismos de divulgação, a CNSPP pretendia contribuir pedagogicamente para a formação de uma consciência pública que servisse de estímulo para o reconhecimento da necessidade de alguma acção a favor dos presos políticos.

O campo de enunciação dos trabalhos da Comissão era fundamentalmente Portugal, mas a abordagem da problemática dos presos políticos incidia tanto sobre a questão dos presos políticos das prisões continentais, como também das prisões e deportações que eram efectuadas nos espaços coloniais africanos sob dominação portuguesa. Apesar da maior divulgação dos factos prisionais incidir sobre os presos políticos das prisões do continente, a CNSPP não deixava de reconhecer que o relativo silêncio público em que, por vezes, se encontravam os presos políticos africanos não significava que a sua situação fosse melhor ou que o seu número fosse pequeno, mas sim que resultava das dificuldades de informação quase "insuperáveis", devido à maior dureza e

---

[239] Cf. *Presos Políticos documentos 1970–1971*, Comissão Nacional de Socorro aos Presos Políticos, Porto, Afrontamento, 1972, pp. 8-10.

arbitrariedade dos processos de repressão. Ao longo das circulares dadas a público, a partir do seu primeiro número de 7 de Março de 1970, a Comissão Nacional de Socorro aos Presos Políticos começa o seu trabalho de difusão sobre os factos mais salientes, relativamente às prisões efectuadas, às libertações, aos julgamentos, às mortes, às transferências dos presos, às informações das prisões, etc. Nas circulares da Comissão encontramos alguns excertos de telegramas ou cartas enviadas às autoridades, lavrando vivos protestos contra a arbitrariedade do regime. Por exemplo, foi através das suas circulares que ficaram patenteados alguns factos relacionados com o Campo de Chão Bom, como a libertação e as vagas de prisões e deportações de presos para o Tarrafal, a questão do internamento com carácter exclusivamente administrativo e a ausência de qualquer processo penal em relação aos condenados, as condições sanitárias, a alimentação, o regime de isolamento imposto, as leituras (didácticas) permitidas, as mortes, ...[240].

Aos olhos da CNSPP, a questão do internamento por via administrativa não podia passar à margem dos seus registos denunciatórios, na medida em que, o que estava em causa era o banimento e o internamento dos indivíduos em locais distantes das suas áreas de residência e sem qualquer julgamento, simplesmente, por serem considerados politicamente suspeitos ou indesejáveis. Também não passavam à margem da Comissão alguns processos (pedidos e decisões) de *habeas corpus* entregues na Comarca de Sotavento (Cabo Verde), a favor de alguns presos angolanos internados no Campo de Chão Bom a coberto de simples medidas administrativas. Algumas das (supostas) decisões de *habeas corpus* não passavam de meras fachadas de transferência[241] de presos do Tarrafal para outras prisões em Angola, tal como foi o caso de três presos angolanos no Tarrafal que, segundo a CNSPP, em consequência de uma decisão favorável do pedido de *habeas corpus*, tinham sido transferidos do Tarrafal para o Campo de Concentração de S. Nicolau no deserto de Moçâmedes.

---

[240] Cf. *Ibidem*, pp. 49-50, 56, 61 e 164-168.

[241] Cf. *Presos Políticos documentos 1972–1974*, Comissão Nacional de Socorro aos Presos Políticos, 1975, pp. 19-20, 87, 105-106. Sobre a questão do *habeas corpus* ver Ferrão *et all.*, 1974; Medina, 2005, pp. 128-132.

Importa referir ainda que, além da Comissão Nacional de Socorro aos Presos Políticos, outras associações ou grupos constituídos espontaneamente, realizavam actividades de carácter reivindicativo contra a repressão e a favor da ideia de uma ampla amnistia a todos os presos políticos. Podemos citar entre outros, o Grupo Pró-Amnistia, o The British Committee For Portuguese Amnesty (30, Berson Road London SE23), a Comissão Regional de Socorro aos Presos Políticos – Distrito de Aveiro, a Comissão de Solidariedade aos Presos Políticos Portugueses, o Comité «Amnestie in Portugal» te Amsterdam, Comité Français pour l'Amnistie au Portugal, etc. Não podemos esquecer, no entanto, outros grupos de cidadãos anónimos, organizados sob o formato de grupos pró-amnistia que, através das suas reivindicações e exortações (escritas) tornadas patentes, tentavam despertar a atenção pública do candente problema por que passavam os presos políticos nas várias prisões do Estado Novo. Uma das forças do argumento das reivindicações a favor dos presos políticos centrava-se na ideia de que a maioria dos portugueses já não aceitava que as diferenças de opção política fossem transformadas em crime. Por isso, numa espécie de manifesto, reproduzido pelo Comité Français pour l'Amnistie au Portugal, ficou inequivocamente declarado que "les emprisonnés politiques sont des hommes qui, suivant leur conscience, ont lutté pour un idéal. Un idéal, ce n'est pas un délit, la conscience et la pensée n'étant pas des crimes"[242].

A questão das medidas de segurança constituía também um outro assunto com o qual a opinião pública (nos seus diferentes formatos) confrontava e criticava o regime. Se em 1949 o regime define os princípios doutrinários da aplicação das medidas de segurança e o esquema do aparelho repressivo que punha em execução as ditas medidas, foi somente em 1956 que ficou

---

[242] Cf. "Grupos Pró-Amnistia Comunicado", "What Happens to Those Arrested", Dossier Presos Políticos e Prisões I, Diversos; Dossier Presos Políticos II, Comissão Regional de Socorro aos Presos Políticos, Comissão de solidariedade aos presos políticos portugueses; Dossier Presos Políticos III CNSPP, Comissões Regionais; Est. 1Past.12 Prat.4, *Comité Amnestie in Portugal te Amsterdam* (Cartaz 33 x 24 cm), Centro de Documentação 25 de Abril, Universidade de Coimbra (UCCD25); *Mesures de sécurité et tortures au Portugal*, Comité Français pour l'Amnistie au Portugal, Décembre, 1965, p. 31, Centro de Documentação 25 de Abril, Universidade de Coimbra (UCCD25).

revisto, sistematizado e actualizado o domínio da sua aplicação[243]. Na realidade, as medidas de segurança consistiam na aplicação aos presos políticos (após os anos do cumprimento da pena principal) de períodos de internamento de seis meses a três anos, sendo constantemente prorrogáveis por períodos sucessivos de três anos, enquanto o seu "estado perigoso" se mantivesse; ou seja, após o cumprimento da pena principal, prolongava-se o tempo de internamento dos presos por períodos de seis meses a três anos constantemente renováveis, sob a justificação da suposta permanência da sua "perigosidade". No Campo de Trabalho de Chão Bom, era o Director que elaborava a proposta da sua aplicação e prorrogação, como também a concessão da liberdade condicional dos presos. A prorrogação das medidas de segurança baseava-se, sobretudo, na ideia da permanência da perigosidade dos reclusos, patente na não abdicação das suas convicções políticas, das suas militâncias a agrupamentos ou associações de pendor revolucionário contra o regime. Por isso, "elles [les autorités] ne se bornent pas seulement à prorroger le temps de prison quand il s'agit de patriotes jugés dangereux pour le régime"[244].

Sendo assim, o regime era peremptório em considerar que "a incerteza do fim do internamento e suas repercussões no espírito dos presos são *males necessários*. Por outro lado, o carácter *indefinido* do internamento permite dizer àquele que o sofre que nas suas mãos estava o merecer a liberdade, o que poderá ser um meio eficaz de estimular no seu espírito reacções salutares"[245]. Era com base na força da fachada legal das medidas de segurança que o Estado Novo mantinha sob internamento, por tempo indeterminado, vários presos políticos, tanto no Campo de Trabalho como também nas suas várias outras prisões políticas. Por isso, para a opinião pública, "les mesures de sécurité occupent, dans le système pénal portugais, une position particulière. Par leur entremise, de très nombreux prisonniers, après expiration de leur peine, restent incarcérés sur simple demande de

---

[243] Cf. Decreto-lei n.º 37:447, de 13 de Junho de 1949; Decreto-lei n.º 40:550, de 12 de Março de 1956.

[244] *Pour la Libertation des Prisonniers Politiques Portugais*, Frente Patriótica de Libertação Nacional, s/d, p. 8 e sgs., Centro de Documentação 25 de Abril, Universidade de Coimbra (UCCD25).

[245] Decreto-lei n.º 40:550, de 12 de Março de 1956. Itálicos no original.

la PIDE"; daí que, "le système des «mesures de sécurité» témoigne de la vraie nature du régime de Salazar"[246].

Para complementar a aplicação das medidas de segurança ficou determinado, em 1966, que os ministros da justiça e do ultramar podiam autorizar que as penas ou medidas de segurança, aplicadas pelos tribunais da metrópole ou das ilhas adjacentes, fossem executadas nos estabelecimentos prisionais do ultramar e que fossem cumpridas nos estabelecimentos próprios da metrópole ou das ilhas adjacentes, as penas ou medidas de segurança impostas pelos tribunais das províncias ultramarinas[247]. Por esta razão considerava-se que, depois da definição da aplicação das medidas de segurança, o Decreto-lei n.º 47:216, de 24 de Setembro de 1966, legalizava "la deportation dans des camps de concentration, notamment celui de Tarrafal (Iles de Cap-Vert), des démocrates portugais et des patriotes guinéens, angolais et mozambicains"[248]. No estado actual da nossa investigação podemos assegurar que entre 1961 a 1974 não foram enviadas para o Campo de Chão Bom levas de presos portugueses nem moçambicanos, o que não significa que não tenha sido aventada esta possibilidade, principalmente em relação aos presos moçambicanos, no ano de 1964. Na realidade, esta hipótese nunca chegou a efectivar-se: o governo- -geral de Moçambique chegou a considerar que os elevados encargos previstos para a província no sustento dos presos no Campo de Trabalho de Chão Bom e a remuneração mensal individual do pessoal, que os presos de Moçambique tornariam necessários recrutar em Cabo Verde, seriam incomportáveis. Daí que ficasse determinado que o governo-geral daquela província (Moçambique) procuraria localmente outra solução para o problema dos presos que, de início, pretendia enviar para o Tarrafal.

Portanto, segundo Luís Reis Torgal, à medida que Salazar se esforçava por manter a imagem paradisíaca de Portugal, lutava também contra as posições anticolonialistas, que iam crescendo no contexto internacional[249].

---

[246] *Mesures de sécurité et tortures au Portugal*, Comité Français pour l'Amnistie au Portugal, Décembre, 1965, pp. 4 e 5, Universidade de Coimbra, Centro de Documentação 25 de Abril (UCCD25).

[247] Cf. Decreto-lei n.º 47:216, de 24 de Setembro de 1966.

[248] Cf. "Trois Cas de Legislation Repressive", Dossier Presos Políticos e Prisões I, Pasta Diversos, Centro de Documentação 25 de Abril, Universidade de Coimbra (UCCD25).

[249] Torgal, 1993, p. 46.

Ao longo de toda a década de 1960 intensificaram-se os protestos e o apelo à solidariedade interna e externa contra a política repressiva do Estado Novo, principalmente, contra a manutenção das prisões políticas e a aplicação das medidas de segurança, práticas que estavam a ser vivamente condenadas pela opinião democrática internacional. Apesar das denúncias dos grupos pró-amnistia terem sido dirigidas, fundamentalmente, a favor dos presos portugueses internados nas prisões políticas do Portugal continental, o fundo das suas reivindicações públicas transcendia o âmbito específico de qualquer preso e de qualquer prisão, para se estender a todos os presos políticos do regime. Por isso tentava-se patentear discursivamente, por todos os meios possíveis, que "la police politique portugaise, déclenchait à Lisbonne, et aussi dans les quatre territoires portugais d'Afrique (Angola, Mozambique, Guinée-Bissau et îles du Cap-Vert), une répression sans précédent dans les milieux anticolonialistes"[250]. Não podemos deixar de reconhecer que, por razões de distância e de dificuldades de informações, frequentes e detalhadas, sobre as prisões no então ultramar, a atenção ficava centralizada fundamentalmente na problemática dos presos políticos na metrópole o que explica, por exemplo, a fraca frequência (mais ou menos esporádica) com que as informações sobre o Tarrafal e os seus presos políticos aparecem nas circulares da CNSPP, quando comparada com as das prisões e presos políticos do continente (Peniche, Caxias, Aljube). Entretanto, podemos afirmar que o que caracterizava fundamentalmente o trabalho da CNSPP e as várias outras comissões pró-amnistia, constituídas sob diferentes formatos, era a contestação da política repressiva do Estado Novo para com os presos em todas as prisões políticas do regime, independentemente da sua localização territorializada na metrópole ou nas colónias. Tudo isto porque, tal como registou o Comité français pour l'Amnistie au Portugal, "tant qu'il y aura un prisonnier politique dans les «tiroirs» de l'Aljube, derrière les murs de la forteresse de Peniche, dans les cachots de Caxias, ou dans le camp de concentration de Tarrafal, il portera en lui toute la condamnation du régime salazariste"[251].

---

[250] Cf. "Après Burgos Lisbonne", Dossier Presos Políticos e Prisões I Diversos, Pasta Presos Políticos 1971, UCCD25.

[251] *Mesures de sécurité et torture au Portugal*, Comité Français pour l'Amnistie au Portugal, décembre, 1965, p. 4.

A deportação, o desterro, ou o exílio forçado dos condenados políticos para as longínquas paragens, são tributários da antiga tradição histórica do degredo, praticada desde os primórdios da aventura colonial portuguesa. Contudo, a prática da deportação ganha contornos tanto em função da produção política de um determinado regime, como também em função da determinação das modalidades do seu cumprimento. Se nas vésperas do advento do Estado Novo, o modelo de deportação se caracterizava fundamentalmente pela política de aplicação de residência fixa nas colónias ou numa ilha das colónias, por sua vez, o advento do novo modelo político inaugura uma nova mecânica de imposição da política de deportação, caracterizada pelo desterro e prisão no local de desterro. Na continuidade da prática anterior – residência fixa num ponto distante da sede de vida livre do condenado – a nova modalidade de deportação de condenados políticos adiciona a prisão no local de desterro, como suplemento da nova política repressiva. Tudo isso porque o salazarismo definiu os crimes políticos e as formas da sua punição, sustentadas pela imposição da prisão no local de desterro, criando assim aquilo que convencionamos denominar de *via de banimento*. Esta caracterizava-se fundamentalmente pelo isolamento político dos opositores do regime. Por sua vez, a sistematização das formas de punição dos crimes políticos em 1933 consubstanciou-se, primeiro, na determinação de um destino considerado idóneo (uma ilha da colónia) para os intentos do regime e, segundo, na necessidade de criação de um recinto fortificado, prisão especial ou colónia penal para o cumprimento do desterro. Importa ainda acrescentar que a sistematização dos crimes políticos e a determinação legal de que a pena de deportação ou desterro seria cumprida (em recinto fortificado) numa ilha, concretiza também a ideia já aventada desde 1932, sobre a necessidade de se estabelecer uma prisão especial numa ilha. Contudo, não podemos deixar de sublinhar que o ano de 1936 marca decisivamente a efectivação das condições para o cumprimento do desterro, em recinto fortificado, através da criação e da fundação da Colónia Penal do Tarrafal, após estudos de reconhecimento (entre 1934 e 1935), realizados nalgumas ilhas (Boa Vista, S. Nicolau e Santiago) do arquipélago de Cabo Verde. Assim, mais do que uma encenação, a prisão no local de desterro foi uma das imposições repressivas do Estado Novo que, em 1931, o regime da Ditadura Militar tinha ensaiado na ilha de São Nicolau, no mesmo arquipélago. Daí, se a ilha de São Nicolau ficou celebrizada como um dos primeiros espaços insulares de encenação de uma prisão especial, ou de um campo para deportados políticos em Cabo Verde, foi na ilha de Santiago que se deu a verdadeira fundação de uma prisão especial para desterrados políticos, tal como ficou metodicamente definida pela política repressiva do regime salazarista. Ou seja, a fundação da colónia penal do Tarrafal em 1936, na ilha de Santiago, consubstancia aquilo que tinha sido a encenação do primeiro campo para deportados políticos na ilha de São Nicolau, em 1931.

Por sua vez, o longo roteiro da deportação não se ficava pelos destinos insulares do arquipélago de Cabo Verde. Isto é, de olhos postos no Atlântico, a dramática e forçosa aventura da deportação para as ilhas tinha a Madeira, Açores, Cabo Verde e São Tomé como destinos de desterro. Fora do Atlântico encontramos também o longínquo Timor como um dos pontos demandados para o banimento e isolamento dos desterrados políticos (sobretudo durante o regime da Ditadura Militar). Com o Estado Novo, a rota da condenação ficou (quase que exclusivamente) dirigida para a colónia penal na ilha de Santiago (Cabo Verde) e para a reclusão nos Açores, que também funcionou como um dos pontos de trânsito de alguns presos políticos que seguiam posteriormente para o Tarrafal. Assim, perante o roteiro dos destinos insulares demandados para a condenação de desterrados políticos, não podemos deixar de sublinhar a necessidade de contextualizar a inserção desses espaços ilhéus na história da política repressiva, posta em execução nas vésperas e durante todo o Estado Novo: daí a pertinência da problemática das ilhas como espaços de deportação e prisão no Estado Novo.

Diferentes momentos da história da repressão política atestam a inserção do arquipélago de Cabo Verde na rota da condenação política e a validade da problemática das ilhas como espaços de desterro e prisão. Um primeiro momento, entre os finais da década de 1920 e nos anos de 1931 até 1935, caracterizado pela presença de deportados políticos portugueses condenados à fixação de residência obrigatória em diferentes ilhas do arquipélago; um segundo, de 1936 a 1954, marcado pelo desterro político e prisão imediata na colónia penal do Tarrafal de presos políticos portugueses; terceiro momento, entre 1961 a 1974, mediado pela reabertura da extinta Colónia Penal do Tarrafal, sob a designação oficial de Campo de Trabalho de Chão Bom e pela prisão cerrada de anticolonialistas africanos (angolanos, guineenses, cabo-verdianos), convertidos em presos políticos, por definição arbitrária do regime.

A reabertura da prisão do Tarrafal, em 1961, sob a denominação oficial de Campo de Trabalho de Chão Bom atesta mais uma vez a imposição política da prisão especial numa ilha. O Campo de Chão Bom surge como resposta da violência política do Estado Novo perante a militância das posições ideológicas anticoloniais e a dinâmica das lutas político--emancipatórias emergentes nos espaços coloniais sob dominação portuguesa. A militância anticolonial e as reivindicações de pendor separatista face ao sistema colonial serviram de móbil para que o regime produzisse, como auto-defesa política, um novo discurso justificativo e legitimador do uso da suprema razão nacional, de vigilância e de repressão política. Tudo isso porque a contestação anticolonial punha em causa a (paradoxal) representação colonialista da figura abstracta da nação, desterritorializada nos domínios coloniais e (supostamente) una na sua multirracialidade; ou seja, a contestação anticolonial punha em causa a suprema razão nacional, racial, messiânica e civilizadora do Estado Novo e face à qual não podia haver contestação. Por isso, por definição despótica, o criminoso político era representado como uma espécie de traidor da suposta unidade nacional, da qual o regime pretendia auto-representar-se como uma mera expressão. Deste modo, a ideia de desintegração política dos espaços coloniais da então metrópole afigurava-se, primeiro, como um crime político contra o Estado, enquanto forma de regime constituído; segundo, contrária à ideia de unidade da grande pátria lusitana, cuja missão transcendental, através da vigilância política e da incumbência salvífica da repressão policial, pretendia reordenar e resgatar da suposta desordem revolucionária anticolonial. Então, perante a sua inflexível postura anti-revolucionária e tendencialmente moralizadora, o regime não dispensava a violência enquanto elemento constituinte da panóplia repressiva do próprio exercício de resgate da suposta unidade da pátria lusitana e da defesa e manutenção da regulação colonial. Em suma, a reabertura do Campo de Trabalho de Chão Bom para o internamento dos anticolonialistas, fazia parte da armadura repressiva do exercício desta violência política. Aliás, a elasticidade dos sucessivos anos de internamento sob o cumprimento de medidas de segurança atesta bem tanto a incoerência e a excentricidade das sentenças e das penas, como também esta indispensável violência política de tendência moralizante e supostamente regeneradora que se pretendia imprimir nos presos políticos, através da prorrogação dos anos de reclusão naquele estabelecimento prisional. A suposta crença na força regeneradora da violência política caracterizou os anos de encerramento e o quotidiano dos presos políticos que passaram pelo Campo de Chão Bom, entre 1962 e 1974. Para além das limitações impostas pela severa disciplina da vida prisional (censura, alimentação pouco variada, assistência médica deficiente, incomunicabilidade, castigos, etc.), o quotidiano dos presos no Campo de Chão Bom ficou marcado também pela monotonia da vida carcerária e pela nostalgia da desolação, imprimida pela repressão e pelas imposições da força de isolamento.

Especial reflexão conclusiva merece também a problemática da deslocação dos fundamentos da condenação política. Se é verdade que a definição de crime político e as formas da sua punição têm um papel crucial na avaliação do temperamento repressivo de um determinado regime, também não é menos verdade que muitos se tornaram criminosos políticos por mera definição arbitrária do próprio regime. Tudo isto porque, quando uma linguagem política se define por uma ideologia, ela é posta também ao serviço dessa mesma ideologia, tornando-se passível de ser utilizada e aplicada àqueles que são vistos como inimigos do sistema. Só assim perceberemos a representação colonial ideologizada dos anticolonialistas como sendo "terroristas". Paradoxalmente, numa espécie de contra-

-representação colonial, os anticolonialistas auto-representavam-se como intérpretes e elementos depositários de uma missão. Aliás, esta asserção está bem evidente no *Nós, os do Makuluso*, quando o autor assevera que queria emendar a mãe e desviar o coro das vizinhas, dizendo guerrilheiro em vez de "terrorista"[252]. Mas, paradoxalmente, ninguém percebia porque não faziam uso da mesma linguagem política. Estamos então perante representações coloniais e as suas contra-representações anticoloniais que, também no cenário do Campo de Trabalho de Chão Bom, formatavam as opiniões da direcção do Campo sobre o grau de perigosidade e o nível de regeneração dos presos políticos.

As representações discursivas sobre a imagem da prisão do Tarrafal, na opinião pública, também são elucidativas deste jogo da linguagem política ideologizada posta ao serviço do Estado Novo. Enquanto colónia penal ou enquanto Campo de Trabalho, a imagem daquele estabelecimento prisional oscilava entre o silêncio sepulcral de uma versão oficial que a sustentava como prisão especial, necessária para a regeneração política dos desterrados, e uma outra versão populista e oposicionista, que a eternizou como campo da morte lenta. Contudo, a força da opinião pública foi decisiva na denúncia das arbitrariedades repressivas que foram perpetradas durante os anos de manutenção da prisão do Tarrafal. Neste caso, a força contestatária dos apelos da oposição não ficou degradada na vã retórica, ao mesmo tempo que aspirava ser depositária, em si mesma, do apelo de uma liberdade que se queria deixar como legado para as gerações seguintes.

Entretanto, apesar dos diferentes contextos de lutas e resistências travadas nos diversos cenários de dominação e de relações de poder, não podemos deixar de reconhecer que, pelos caminhos da deportação ficaram aqueles cujas condições difíceis do desterro não permitiram realizar o regresso desejado, o regresso fantasiado e, muito menos, o regresso real: esses são os eternos "náufragos ancorados", os "náufragos embarcados" e os "náufragos da terra longe"[253].

---

[252] Vieira, 2004, p. 30.

[253] Jacinto, 1982, p. 19.

## FONTES E BIBLIOGRAFIA

### FONTES

IAN/TT – (Instituto dos Arquivos Nacionais/Torre do Tombo)

AOS/CO/IN-16, pt.1.

AOS/CO/UL – 10, pt.16.

AOS/D/N/10/1/16.

AOS/CO/PC – 3B, pt.20.

AOS/CO/PC – 3B, pt.23.

Arquivo da PIDE/DGS, Governo Provincial de Cabo Verde, Campo de Trabalho de Chão Bom, Processo n.º 3, 1961-1964, *Informação, Proposta e Relatórios*, 1.ª Pasta.

Arquivo da PIDE/DGS, Governo Provincial de Cabo Verde, Campo de Trabalho de Chão Bom, Processo n.º 3, 1965 – 1967, 1971 – 1974, 2.ª Pasta.

Arquivo da PIDE/DGS, Governo Provincial de Cabo Verde, Processo 4, NT.8.

Arquivo da PIDE/DGS, Governo Provincial de Cabo Verde, Campo de Chão Bom, Processo 4 e 5, *Material de Guerra/Recrutamento de Guardas Auxiliares 1963 (Abr. 30) -1974 (Dez. 11)*, NT.1.

Arquivo da PIDE/DGS, Governo Provincial de Cabo Verde, Campo de Trabalho de Chão Bom, Processo 6, *Vigilância e Defesa do Campo*, NT.2.

Arquivo da PIDE/DGS, Governo Provincial de Cabo Verde, Campo de Chão Bom, Processo n.º 7, 1.º vol., *Presos Trabalhos, Salários, 1961 (Dez. 13) – 1966 (Out. 4)*, NT.2.

Arquivo da PIDE/DGS, Governo Provincial de Cabo Verde, Campo de Trabalho de Chão Bom, Processo n.º 9, *Correspondência Diversa, 1961 (Set. 26) – 1972 (Ago. 28)*, NT.2.

Arquivo da PIDE/DGS, Governo Provincial de Cabo Verde, Campo de Trabalho de Chão Bom, Processo n.º 10, *Relação de Livros Proibidos pela Censura, 1968 (Jan. 11) – 1974 (Abr. 26)*.

Arquivo da PIDE/DGS, Delegação de Cabo Verde, Processo n.º 183/SR, *Diversos*, NT.5411.

Arquivo da PIDE/DGS, Governo da Província de Cabo Verde, Campo de Trabalho de Chão Bom, Processo n.º 401, NT.6.

Arquivo da PIDE/DGS, Serviços Centrais, Campo de Trabalho de Chão Bom, Processo n.º 754/61-SR, NT.3075.

Arquivo da PIDE/DGS, Governo da Província de Cabo Verde, Campo de Trabalho de Chão Bom, Processo n.º 398, NT.6.

Espólio Augusto Casimiro, *Exposições dirigidas ao Governador de Cabo Verde*, ESP. D5, Biblioteca Nacional (BN).

MI, GM, mç.475/1, pt.2/105.

MI, GM, mç.477, NT.349, pt.11/2.

MI, GM, mç.477, NT.349, pt.12/8.

MI, GM, mç.470/1, NT.342/1, pt.9/111.

PIDE/DGS, Tarrafal, Colónia Penal de Cabo Verde, *Índice de Entradas e Saídas*, NT.1, LV.1.

PVDE, Ordem de Serviço n.º 157, 1936.

PVDE, Ordem de Serviço n.º167, 1936.

PVDE, Ordem de Serviço n.º 198, 1936.


## Outras Fontes Impressas

*A Unidade da Oposição à Ditadura (1928 – 1931)*, (Dir. A. H. de Oliveira Marques), Mem Martins, Publicações Europa-América, 1973.

*Amnistie: une fleur qui manque au Portugal – Pour la ténue de la 1ʳᵉ. conférence des pays d'Europe occidentale pour l'amnistie aux emprisonnées et exilés politiques portugais*, Amnistie Internationale, Paris, 1962, Universidade de Coimbra, Centro de Documentação 25 de Abril (UCCD25).

*Angolanos no Tarrafal: Alguns Casos de Habeas Corpus*, (Fernando de Abranches-Ferrão, *et al.*), Porto, Afrontamento, 1974, Universidade de Coimbra, Centro de Documentação 25 de Abril (UCCD25).

*Anuário Estatístico do Império Colonial 1943*, Lisboa, Instituto Nacional de Estatística, Sociedade Astória, Ldª., 1945.

*Anuário Estatístico do Império Colonial 1946*, Lisboa, Instituto Nacional de Estatística, Tipografia Portuguesa, Ldª., 1947.

*Anuário Estatístico do Ultramar, 1952*, Lisboa, Tipografia Portuguesa, Ldª., 1953.

*Boletim Geral do Ultramar*, Ano XXXVIII – n.º 446/447, Agosto/Setembro, Lisboa, Agência Geral do Ultramar, 1962.

*Boletim Oficial da Colónia de Cabo Verde*, n.º 24, 13 de Junho de 1931.

*Decálogo do Estado Novo*, Edições SPN, Lisboa, s/d.

*Dossier Presos Políticos e Prisões I*, Diversos, Universidade de Coimbra, Centro de Documentação 25 de Abril (UCCD25).

*Dossier Presos Políticos II*, Universidade de Coimbra, Centro de Documentação 25 de Abril (UCCD25).

*Dossier Presos Políticos III CNSPP*, Universidade de Coimbra, Centro de Documentação 25 de Abril (UCCD25).

*Dossier Presos Políticos Tarrafal*, Recostes de Imprensa, Universidade de Coimbra, Centro de Documentação 25 de Abril (UCCD25).

*Dossier Prisonnier Politiques Portugais*, Commission de Solidarité Envers les Prisonniers Politique Portugais, Mai, 1970, Universidade de Coimbra, Centro de Documentação 25 de Abril (UCCD25).

*Dossier Tarrafal*, Lisboa, edições Avante!, 2006.

*Fundado há 40 anos. O Campo de Concentração do Tarrafal*, Lisboa, 29 e Outubro de 1976, Presos Políticos (1932-1994), Espólio Piteira Santos, Documentação Diversa (comunicados e panfletos), Centro de Documentação 25 de Abril, Universidade de Coimbra (UCCD25).

*La Terreur Salazariste Condamnée par le Congrès de la Fédération internationale des Droits de l'Homme*, Edition du Front Patriotique de

Libération Nationale du Portugal, 1965, Universidade de Coimbra, Centro de Documentação 25 de Abril (UCCD25).

"Lista que se considera quase exaustiva dos presos políticos que estiveram na Fortaleza de S. João Batista nos Açores", *Presos Políticos (1932-1994)*, Centro de Documentação 25 de Abril, Universidade de Coimbra (UCCD25).

*Mesures de sécurité et tortures au Portugal*, Comité Français pour l'Amnistie au Portugal, Décembre, 1965, Universidade de Coimbra, Centro de Documentação 25 de Abril (UCCD25).

*O General Sousa Dias e as Revoltas Contra a Ditadura 1926 – 1931*, (Org. e notas de A. H. de Oliveira Marques com a colaboração de A. Sousa Dias), Lisboa, Publicações Dom Quixote, 1975.

*Pour la Libertation des Prisonniers Politiques Portugais*, Frente Patriótica de Libertação Nacional, s/d, Universidade de Coimbra, Centro de Documentação 25 de Abril (UCCD25).

*Presos Políticos documentos 1970 – 1971*, Comissão Nacional de Socorro aos Presos Políticos, Porto, Afrontamento, 1972, Universidade de Coimbra, Centro de Documentação 25 de Abril (UCCD25).

*Presos Políticos documentos 1972 – 1974*, Comissão Nacional de Socorros aos Presos Políticos, Lisboa, Iniciativas Editoriais, 1975, UCCD25.

*Presos Políticos (1932-1994)*, Espólio Piteira Santos, Documentação Diversa (comunicados e panfletos), Centro de Documentação 25 de Abril, Universidade de Coimbra (UCCD25).

*Presos Políticos no Regime Fascista I 1932-1935*, Comissão do Livro Negro sobre o Regime Fascista, Mem Martins, 1981.

*Presos Políticos no Regime Fascista II 1936-1939*, Comissão do Livro Negro sobre o Regime Fascista, Mem Martins, 1982.

*Presos Políticos no Regime Fascista IV 1946-1948*, Comissão do Livro Negro sobre o Regime Fascista, Mem Martins, 1985.

*Presos Políticos no Regime Fascista VI 1952-1960*, Comissão do Livro Negro sobre o Regime Fascista, Mem Martins, 1988.

"Um grupo de Deportados de Timor à Nação Portuguesa", *Presos Políticos (1932-1994), Espólio Piteira Santos, Documentação Diversa (comunicados e panfletos)*, Centro de Documentação 25 de Abril, Universidade de Coimbra (UCCD25).

## Legislação Consultada

Decreto n.º 20:877, de 13 de Fevereiro de 1932.

Decreto n.º 21:942, de 5 de Dezembro de 1932.

Decreto n.º 22:072, de 16 de Dezembro de 1932.

Decreto n.º 22:243, de 23 de Fevereiro de 1933.

Decreto-lei n.º 22:992, de 29 de Agosto de 1933.

Decreto-lei n.º 23:203, de 6 de Novembro de 1933.

Decreto-lei n.º 24:112, de 29 de Junho de 1934.

Decreto-lei n.º 24:356, de 14 de Agosto de 1934.

Decreto-lei n.º 24:370, de 17 de Agosto de 1934.

Decreto-lei n.º 26:539, de 23 de Abril de 1936.

Decreto-lei n.º 26:643, de 28 de Maio de 1936.

Decreto-lei n.º 27:003, de 14 de Setembro de 1936.

Decreto n.º 27:067, de 3 de Outubro de 1936.

Decreto-lei n.º 29:351, de 31 de Dezembro de 1938.

Decreto n.º 30:230, de 30 de Dezembro de 1939.

Decreto-Lei n.º 35.041, de 18 de Outubro de 1945.

Decreto-lei n.º 37:447, de 13 de Junho de 1949.

Decreto-lei n.º 39:97, de 29 de Dezembro de 1954.

Decreto-lei n.º 40:550, de 12 de Março de 1956.

Decreto-lei n.º 40:675, de 7 de Julho de 1956.

Decreto n.º 43:600, de 14 de Abril de 1961.

Portaria n.º 18:539, de 17 de Junho de 1961.

Decreto-lei n.º 47:216, de 24 de Setembro de 1966.

## Memórias Escritas

AQUINO, Acácio Tomás de, *O Segredo das Prisões Atlânticas*, Torres Vedras, Regra do Jogo Edições, 1978.

CASTELHANO, Mário, *Quatro Anos de Deportação*, Lisboa, Seara Nova, 1975.

FIRMO, Manuel, *Nas Trevas da Longa Noite – Da guerra de Espanha ao Campo do Tarrafal*, Póvoa de, Varzim, Execução Técnica Tipografia Camões, Publicações Europa-América, 1978.

MARTINS, Pedro, *Testemunho Dum Combatente*, 1.ª edição, São Vicente, Cabo Verde, Ilhéu Editora, 1990.

MIGUEL, Francisco, *Das Prisões à Liberdade*, Lisboa, Edições Avante!, 1986.

OLIVEIRA, Cândido de, *Tarrafal, O Pântano da Morte*, Lisboa, Editorial «República», 1974.

OLIVEIRA, Gilberto de, *Memória Viva do Tarrafal*, Lisboa, Edições Avante!, 1987.

PEDRO, Edmundo, *Memórias – Um combate pela liberdade*, 1.ª edição, Lisboa, Âncora Editora, 2007.

PIRES, Correia, *Memórias de um Prisioneiro do Tarrafal*, Lisboa, Edições Déagá, 1975.

QUERIDO, Jorge, Cabo Verde – *Subsídios para a História da nossa luta de libertação*, Lisboa, Vega, 1989.

RIBEIRO, Joaquim, *No Tarrafal, Prisioneiro*, Lisboa, "A Opinião", 1978.

RODRIGUES, Manuel Francisco, *Tarrafal: aldeia da morte: o Diário da B5*, Porto, Brasília Editora, 1974.

SOARES, Pedro, *Tarrafal, Campo da Morte Lenta*, 2.ª edição, Lisboa, edições avante!, 1975.

SOUSA, Franco de (Coord.), *Tarrafal Testemunhos*, 3.ª edição, Lisboa, Editorial Caminho, 1978.

## Publicações Periódicas

### Revistas

*Vida Mundial*, n.º 1829, de 3/10/74.

*Resistência*, Edição Especial – Abril 1999.

*História*, n.º 28, Ano XXII (III Série), Setembro 2000.

*Africana*, n.º 6 (Especial), Centro de Estudos Africanos e Orientais, Universidade Portucalense, Arquivo Histórico Nacional de Cabo Verde, 2001.

### Jornais

*Diário de Lisboa*, n.º 3946, Ano 13.º, 6 de Novembro, 1933.

*Diário da Manhã*, n.º 933, Ano III, 7 de Novembro de 1933.

*Diário da Manhã*, n.º 934, Ano III, 8 de Novembro de 1933.

*Diário da Manhã*, n.º 954, Ano III, 28 de Novembro, 1933.

*O Século, n.º 18.576*, Ano 53.º, 28 de Novembro, 1933.

*Diário da Manhã*, n.º 957, Ano III, 1 de Dezembro, 1933.

*O Século*, n.º 18.579, Ano 53.º, 1 de Dezembro, 1933.

*Diário da Manhã*, 8 e 9 de Setembro de 1936.

*Diário de Lisboa*, 9 de Setembro de 1936.

*Avante!*, VI Série, n.º 42, 2.ª Quinzena de Outubro de 1943.

*Avante!*, VI Série n.º 45, Dezembro de 1943.

*Avante!*, VI Série n.º 46, I.ª Quinzena de Janeiro de 1944.

*Avante!*, VI Série, n.º 43, I.ª Quinzena de Fevereiro de 1944.

*Avante!*, Série VI, n.º 48, I.ª Quinzena de Fevereiro de 1944.

*Avante!*, VI Série n.º 65, I.ª Quinzena de Novembro de 1944.

*Avante!*, VI Série, n.º 72, 2.ª Quinzena de Fevereiro de 1945.

*Avante!*, VI Série n.º 27 (Especial), 2.ª Quinzena de Maio de 1945.

*Avante!*, VI Série n.º 78, I.ª Quinzena de Junho de 1945.

*Tarrafal: Órgão Antifascista da F. D. L*, 24 de Junho, 1945. Cota: Universidade de Coimbra, Biblioteca-Geral, (UCBG): B-19-41.

*Diário da Manhã*, 26 de Outubro de 1945.

*O Século*, n.º 25.781, Ano 74.º, de 10 Janeiro, 1954.

*O Arquipélago* – Órgão de Informação e Turismo, Cabo Verde (Praia), Ano XII, Número 612, 2 de Maio de 1974.

*O Arquipélago* – Órgão de Informação e Turismo, Cabo Verde (Praia), Ano XII, Suplemento, 3 de Maio de 1974.

*Diário Popular*, 21 de Maio de 1974.

*A Semana*, 13 de Setembro de 1993.

*A Semana*, de 25 de Abril de 1994.

*Novo Jornal Cabo Verde*, 1 de Maio de 1996.

*Público*, 25, Janeiro, 2004.

# Bibliografia

## Dicionários e Enciclopédias


*Dicionário da Língua Portuguesa da Academia das Ciências de Lisboa*, II Volume – G-Z, Editorial Verbo, 2001.

*Dicionário de História do Estado Novo*, Vols. I e II, Dir. Fernando Rosas e J. M. Brandão de Brito, Lisboa, Círculo de Leitores, 1996.

*Dicionário de História de Portugal*, Vol. IX (Suplemento, P/Z), 1.ª edição, Coord. António Barreto e Maria Filomena Mónica, Porto, Livraria Figueirinhas, 2000.

*Dicionário Etimológico da Língua Portuguesa*, 3.ª Edição, Vol. III, Lisboa, Livros Horizonte, 1977.

*Dicionário Geral e Analógico da Língua Portuguesa*, Volume II, Porto, Edições OURO, 1952.

*Dicionário Houaiss da Língua Portuguesa*, Tomo II, D-MER, Lisboa, Temas e Debates, 2003.

*Dictionary of Portuguese African Civilization*, Volume 1: From Discovery to Independence, Benjamin Núñez, London. Melbourne. Munich. New Jersey, Hans Zell Publishers, 1995.

*Grande Dicionário da Língua Portuguesa*, 10.ª Edição revista, corrigida muito aumentada e actualizada segundo as regras do acordo ortográfico luso--brasileiro de 10 de Agosto de 1945, Vol. VI, Lisboa, Editorial Confluência, 1954.

*Grande Enciclopédia Portuguesa e Brasileira*, Actualização Vol. II, Página Editora, 2001.

*História Comparada – Portugal. Europa e o Mundo – Cronologia*, Volumes 1 e 2, Temas e Debates, 1997.

*PORTUGAL, Dicionário Histórico, Chorographico, Biographico, Bibliográfico Heráldico, Numismático e Artístico*, Vol. IV – L-M; Vol. V – N-P; Vol. VII – T-Z, Esteves Pereira e Guilherme Rodrigues, Lisboa, João Romano Torres & C.ª – Editores, 1909, 1911, 1915 respectivamente.

*VERBO – Enciclopédia Luso-Brasileira de Cultura*, Vol. 11.º, Lisboa, Editorial Verbo, 1971.

## OBRAS/ESTUDOS

AMARAL, Ilídio do, *Santiago de Cabo Verde: A terra e os Homens*, Lisboa, Memórias da Junta de Investigação do Ultramar, 1964.

ANDRÉ, Carlos Ascenso, *Mal de Ausência: o canto do exílio na lírica do humanismo português*, Coimbra, Minerva, 1992.

BARREIROS, José António, "Criminalização política e defesa do Estado", *Análise Social*, n°s. 72-73-74, Volume XVIII, 1982, pp. 813-828.

BARROS, Víctor, *O Campo de Concentração do Tarrafal (1935-1954)*, Seminário Científico de Licenciatura em História apresentada à Faculdade de Letras da Universidade de Coimbra, Junho 2005.

BRITO, Nélida, *Tarrafal na Memória dos Prisioneiros, (1936-1954)*, Lisboa, Edições Dinossauro, 2006.

CAMPOS, J. M. e Outros, *Opressão (Fascismo) e Repressão (PIDE) – Subsídios para a História da PIDE*, Vol. II, Lisboa, Amigos do Livro Editores, s/d.

CARREIRA, António, *Cabo Verde: Formação e Extinção de Uma Sociedade Escravocrata (1460-1878)*, 2.ª edição, Com o patrocínio da Comunidade Económica Europeia, Instituto Cabo-Verdiano do Livro, Gráfica Europam, Mira-Sintra – Mem Martins, 1983.

CASTELO, Cláudia, *Passagens para África: O povoamento de Angola e Moçambique com Naturais da Metrópole (1920-1974)*, Porto, Edições Afrontamento, 2007.

COATES, Timothy J., *Degredados e Órfãos: colonização dirigida pela coroa no império português. 1550-1755*, 1.ª edição, Lisboa, Comissão Nacional para as Comemorações dos Descobrimentos Portugueses, 1998.

COELHO, José Dias, *A Resistência em Portugal, Porto*, Editorial Inova, 1974.

CRUZ, Manuel Braga da, "Notas para uma caracterização política do salazarismo", *Análise Social*, n°s.72-73-74, Terceira Série, Volume XVIII, 1982, pp. 773-794.

CRUZ, Manuel Braga da, *O Partido e o Estado no Salazarismo*, Lisboa, Editorial Presença, 1988.

CRUZ, Manuel Braga da, "Salazar e a Política", in *Salazar e o Salazarismo*, Lisboa, Publicações Dom Quixote, 1989, pp. 59-70.

CUNHA, Anabela, *O Degredo para Angola na segunda metade do século XIX: os degredados e a colonização penal*, Dissertação de Mestrado em História de África, Lisboa, Faculdade de Letras, Universidade de Lisboa, 2004.

CUNHA, Anabela, "O degredo para Angola na segunda metade do século XIX", *Revista Angolana de Sociologia*, n.º 2, Edições Pedago, Dezembro, 2008, pp. 69-85.

DAVIDSON, Basil, *As Ilhas Afortunadas: um estudo sobre a África em transformação*, Lisboa, Editorial Caminho, Instituto Cabo-verdiano do Livro, 1988.

FANON, Frantz, *Les damnés de la terre*, Paris, Éditions La Découverte, 2002.

FARINHA, Luís, *O Reviralho: Revoltas Republicanas contra a Ditadura e o Estado Novo 1926-1940*, 1.ª edição, Lisboa, Editorial Estampa, 1998.

FARINHA, Luís, "Deportação e Exílio", in *Vítimas de Salazar – Estado Novo e Violência Política*, (Coord. João Madeira), 1.ª edição, Lisboa, Esfera dos Livros, 2007.

FERRO, António, *Salazar o homem e a sua obra*, Lisboa, Empresa Nacional de Publicidade, 1935.

FIGUEIREDO, António de, *Portugal – 50 anos de Ditadura*, Lisboa, Publicações Dom Quixote, 1976.

FIGUEIREDO, Fernando Augusto de, *Timor. A presença Portuguesa (1769-1945)*, Dissertação de Doutoramento em História, Faculdade de Letras da Universidade do Porto (FLUP), 2004.

FILHO, João Lopes, *Ilha de S. Nicolau. Cabo Verde. Formação da Sociedade e Mudança Cultural*, II Volume, 1.ª Edição, Secretaria-Geral, Ministério da Educação, 1996.

FOUCAULT, Michel, *Surveiller et Punir: Naissance de la Prison*, Paris, Éditions Gallimard, 1975.

GARNIER, Christine, *Férias com Salazar*, Lisboa, Edições Fernando Pereira, s/d.

GEORGEL, Jacques, *O Salazarismo*, Lisboa, Publicações Dom Quixote, 1985.

GIL, José, *Salazar: A Retórica da Invisibilidade*, Lisboa, Relógio D'Água, 1995.

GRINBERG, León e Rebeca Grinberg, *Migração e Exílio*, Lisboa, Climepsi Editores, 2004.

HARDT, Michael & Antonio Negri, *Império*, 1.ª Ed., Lisboa, Editora Livros do Brasil, 2004.

HERNRIQUES, Isabel Castro, *São Tomé e Príncipe: A Invenção de Uma Sociedade*, 1.ª Edição, Lisboa, Vega, 2000.

JACINTO, António, *Sobreviver em Tarrafal de Santiago*, Luanda, Instituto Nacional do Livro e do Disco, Lisboa, Editora Ulisseia, 1982.

LÉONARD, Yves, *Salazarismo e Fascismo*, Mem Martins, Editorial Inquérito, 1998.

LOFF, Manuel, *"O nosso Século é Fascista!"*. *O Mundo Visto por Salazar e Franco (1936-1945)*, 1.ª edição, Porto, Campo das Letras, 2008.

LOPES, José Vicente, *Cabo Verde: Os Bastidores da Independência*, 2.ª edição, Cidade da Praia, Spleen edições, 2002.

MANUEL, Alexandre e Outros (Coord.), *PIDE: A História da Repressão*, Fundão, Jornal do Fundão, Editora, 1974.

MARQUES, A. H. de Oliveira e Joel Serrão (Dir.), *Nova História de Portugal – Portugal e o Estado Novo (1930-1960)*, 1.ª edição, Vol. XII, (Coord. Fernando Rosas), Lisboa, Editorial Presença, 1992.

MATEUS, Dalila Cabrita, *A PIDE/DGS na Guerra Colonial 1961-1974*, Anexo 2 *Polícias e Prisões em África*, Lisboa, 2003.

MATEUS, Dalila Cabrita, *A PIDE/DGS na Guerra Colonial 1961-1974*, Lisboa, Terramar, 2004.

MATTOSO, José (Dir.), *História de Portugal*, Vol. 7, *O Estado Novo 1926-1974*, (Coord. Fernando Rosas), Lisboa, Editorial Estampa, 1994.

MEDINA, João (Dir.), *História Contemporânea de Portugal – Ditadura: O «Estado Novo» do 28 de Maio ao Movimento dos Capitães*, Tomo I, Lisboa, Mutilar, 1990.

MIGUEL, Francisco, "Tarrafal: Mancha Negra Numa Mancha Escura", *Seara Nova*, n.º 1576, Fevereiro, 1977.

MOREIRA, Adriano, *O Problema Prisional do Ultramar*, Coimbra, Coimbra Editora, 1954.

NUNES, Hermínio de Freitas, *Augusto Costa: um vidreiro no Tarrafal (Memórias do 18 de Janeiro de 1934 na Marinha Grande)*, Edição do autor, Colecção: Subsídios para a História da Marinha Grande, 1998.

PATRIARCA, Fátima, *Sindicatos contra Salazar. A revolta de 18 de Janeiro de 1934*, Lisboa, Imprensa de Ciências Sociais, 2000.

PAULO, Heloisa, *Aqui também é Portugal. A Colónia Portuguesa do Brasil e o Salazarismo*, Coimbra, Quarteto Editora, 2000.

PAULO, Heloisa Paulo, "Imagens da Liberdade: os exilados portugueses e a luta pela liberdade na Península Ibérica", in *Estudos do Século XX*, n.º 8, 2008, pp. 87-103.

PEDROSO, Alberto, "Os presídios do regime salazarista", *História de Portugal dos Tempos Pré-Históricos aos Nossos Dias*, (Dir. João Medina), Vol. XII, O "Estado Novo" II, Opressão e Resistência, Lisboa, Clube Internacional do Livro, 1995, pp. 39-56.

PEREIRA, Aristides, *Uma Luta, Um Partido, Dois Países: Guiné-Bissau – Cabo Verde*, 2.ª Edição, Lisboa, Editorial Notícias, 2002.

PEREIRA, Nuno Teotónio, "A Comissão de Socorro aos Presos Políticos", *Público*, 17 de Janeiro de 1995.

PIMENTEL, Irene Flunser, *A História da PIDE*, 1.ª edição, Lisboa, Círculo de Leitores, Temas e Debates, 2007.

PLATÃO, *Górgias*, (Introdução, tradução do grego e notas de Manuel de Oliveira Pulquério), Lisboa, Edições 70, 1992.

PROENÇA, Maria Cândida, "O Conceito de Regeneração no Estado Novo", in *O Estado Novo: Das Origens ao Fim da Autarcia 1926 – 1959*, Vol.II, Lisboa, Editorial Fragmentos, 1987, pp. 251-262.

REIS, Célia, *A Revolta da Madeira e Açores (1931)*, Lisboa, Livros Horizonte, 1990.

RIBEIRO, Maria da Conceição, *A Polícia Política no Estado Novo 1926 – 1945*, Lisboa, Editorial Estampa, 1995.

RIBEIRO, Margarida Calafate, *Uma História de Regressos: Império, Guerra Colonial e Pós-colonialismo*, Porto, Edições Afrontamento, 2004.

RODRIGUEZ, Edgar, *O Retrato da Ditadura Portuguesa*, Rio de Janeiro, Editora Mundo Livre, s/d.

ROSAS, Fernando, (Coord.), *Portugal e o Estado Novo (1930-1960)*, Nova História de Portugal, Vol. XII, (Dir.) Joel Serrão e A. H. de Oliveira Marques, 1ª Edição, Lisboa, Editorial Presença, 1992.

ROSAS, Fernando, "A Crise do Liberalismo e as origens do «Autoritarismo Moderno» e o Estado Novo em Portugal", *Penélope*, n.º 2, Fevereiro, 1998, pp. 97-114.

ROSAS, Fernando, "Salazar e o Salazarismo: Um Caso de Longevidade Política", in *Salazar e o Salazarismo*, Lisboa, Publicações Dom Quixote, 1989, pp. 13-31.

ROSAS, Fernando Rosas, "O Salazarismo e o Homem Novo. Ensaio sobre o Estado Novo e a Questão do Totalitrismo nos anos 30 e 40", in Luís Reis Torgal e Heloísa Paulo (Coord.), *Estados autoritários e totalitários e suas representações*, Coimbra, Imprensa da Universidade de Coimbra, 2008, pp. 31-48.

SANTOS, José Beleza dos, "Uma Viagem de Estudo à Alemanha", *Boletim do Instituto Alemão*, Vol.V, Suplemento, Coimbra, 1935.

TAVARES, José Manuel Soares, *O Campo de Concentração de Tarrafal (1936-1954): A Origem e o Quotidiano*, Dissertação de mestrado em História Cultural e Política apresentada à Faculdade de Ciências Sociais e Humanas da Universidade Nova de Lisboa (FCSHUNL), Lisboa, 2006.

TAVARES, José Manuel, *O Campo de Concentração de Tarrafal (1936-1954): A Origem e o Quotidiano*, Lisboa, Edições Colibri, 2007.

TORGAL, Luís Reis, "Salazarismo, Fascismo e Europa", *Vértice*, n.º 52, II Série, Janeiro/Fevereiro, 1993, pp. 40-52.

TORGAL, Luís Reis, "Salazarismo, Alemanha e Europa: Discursos políticos e culturais", *Revista de História das Ideias*, Vol. 16, Coimbra, Faculdade de Letras, Universidade de Coimbra, 1994, pp. 73-104.

TORGAL, Luís Reis (Coord.), *O Cinema sob o olhar de Salazar*, 1.ª edição, Lisboa, Temas e Debates, 2001.

TORGAL, Luís Reis, *António José de Almeida e a República. Discurso de uma vida ou vida de um discurso*, 1.ª edição, Lisboa, Temas e Debates, 2005.

TORGAL, Luís Reis, "Estado Novo: República Corporativa", *Revista de História das Ideias*, Vol. 27, Coimbra, Faculdade de Letras, 2006, pp. 445-470.

TORGAL, Luís Reis, "«O Fascismo Nunca Existiu...». Reflexões sobre as Representações de Salazar", in Luís Reis Torgal e Heloísa Paulo (Coord.), *Estados autoritários e totalitários e suas representações*, Coimbra, Imprensa da Universidade de Coimbra, 2008, pp. 17-29.

TORGAL, Luís Reis, *Estados Novos Estado Novo*, Volumes 1 e 2, Coimbra, Imprensa da Universidade de Coimbra, 2009.

VALENTE, Augusto José Monteiro, *General Sousa Dias: Militar, Republicano, Patriota*, Guarda, Câmara Municipal da Guarda, 2006.

VENÂNCIO, José Carlos, *A Economia de Luanda e Hinterland no Século XVIII: um estudo de Sociologia Histórica*, Lisboa, Editorial Estampa, 1996.

VIEIRA, José Luandino, *Nós, os do Makulusu*, Lisboa, Editorial Caminho, 2004.